山东省教育科学“十四五”规划课题“‘双新’教学资源开发与实践研究”

高中物理数字化实验教学与学生科学素养培育探讨

刘宪琪◎著

武汉理工大学出版社

图书在版编目（CIP）数据

高中物理数字化实验教学与学生科学素养培育探讨 / 刘宪琪著 . -- 武汉 ：武汉理工大学出版社，2025. 6.
ISBN 978-7-5629-7487-1

Ⅰ . G633.72

中国国家版本馆 CIP 数据核字第 2025B0R611 号

责任编辑：尹珊珊
责任校对：严　曾　　　　　　排　　版：任盼盼
出版发行：武汉理工大学出版社
社　　址：武汉市洪山区珞狮路 122 号
邮　　编：430070
网　　址：http：//www.wutp.com.cn
经　　销：各地新华书店
印　　刷：天津和萱印刷有限公司
开　　本：710×1000　　1/16
印　　张：12.25
字　　数：207 千字
版　　次：2025 年 6 月第 1 版
印　　次：2025 年 6 月第 1 次印刷
定　　价：75.00 元

凡购本书，如有缺页、倒页、脱页等印装质量问题，请向出版社发行部调换。
本社购书热线电话：027-87391631　87664138　87523148

前　言

在科技日新月异的21世纪，教育领域正经历深刻的变革。高中物理作为自然科学的基础学科，其教学质量的提升不仅关乎学生知识体系的构建，更是培育学生科学素养、创新思维与实践能力的关键所在。随着信息技术的飞速发展，数字化实验教学已成为高中物理教学改革的重要方向，它不仅能够丰富教学手段、提高教学效率，还能有效激发学生的学习兴趣，促进其科学素养的全面提升。然而，如何有效整合数字化资源，创新教学模式，以更好地服务于学生科学素养的培育，仍是当前高中物理教育面临的重要课题。在此背景下，深入探讨高中物理数字化实验教学与学生科学素养培育的关系，不仅具有理论价值，更对教学实践具有重大的指导意义。

本书内容分为三大部分：第一部分聚焦高中物理教学原理，从教学概述、教学模式与实施、课题研究到学生管理，全面阐述了高中物理教学的理论基础与实践路径。第二部分深入探讨高中物理数字化实验教学及应用，详细解析了实验教学的创新策略与数字化工具（如Excel、Tracker、Phyphox、几何画板、GeoGebra、DIS实验系统等）在实验教学中的具体应用，展现了数字化技术如何赋能物理实验教学、提升教学效果。第三部分则专注于物理教学中学生科学素养的培育，涵盖科学思维、科学探究素养、科学态度与责任等方面，并结合具体实践案例（如科普知识融入教学、科幻电影资源在教学中的实践应用），系统构建了科学素养培育的框架与策略。通过这三部分的有机结合，本书力求为高中物理教育工作者提供一套全面、实用、创新的教学参考方案。

本书特色鲜明，首先在于其系统性——全面覆盖高中物理教学的各个方面，从理论到实践，从传统教学到数字化创新，形成了完整的知识体系；其次，本书紧跟时代步伐，深入探讨了数字化时代高中物理教学的新趋势、新挑战，提出了教学策略与建议。最后，本书强调以学生为中心，注重激发学生的学习兴趣与潜能，通过多样化的教学手段与丰富的实践活动，促进学生科学素养的全面提升。

本书写作过程中，得到了许多专家、学者的帮助和指导，作者在此对他们表示诚挚的谢意。因本人水平有限，加上时间仓促，书中内容难免存在疏漏，恳请读者不吝指正，助其完善。

刘宪琪

2025 年 2 月

目　录

第一部分　高中物理教学原理

第二部分　高中物理数字化实验教学及应用

第三部分　物理教学中学生科学素养的培育

第一部分　高中物理教学原理

第一章　高中物理教学概述

高中物理作为基础教育的重要组成部分，不仅承担着培养学生科学素养和逻辑思维能力的任务，还在促进学生实践能力和创新精神方面发挥着重要作用。本章阐述高中物理教学的重要性与理念、高中物理教学特点与课程类型、高中物理教学原则与根本任务，为后续研究高中物理教学方法和策略奠定基础。

第一节　高中物理教学的重要性与理念

一、高中物理教学的重要性

（一）帮助学生理解自然现象和物质世界的本质

认知过程就是信息由外界传输至大脑，再由大脑加工编码转化为人类内部的心理活动，进而决定人的行为的过程[①]。物理学的魅力在于其揭示自然世界的运行规律，这种规律不仅贯穿科学领域，也深深嵌入日常生活的方方面面。通过物理教学，学生能够认识到许多日常现象背后的科学原理，从而不再仅仅停留在现象的表面，而能深入理解其中的本质。

力、电、热、声、光等物理现象看似复杂，但它们都可以用相应的物理概念来描述。通过学习这些概念，学生能够更好地把握这些现象的本质，并学会用科学的方式去解释。

① 王嘉路．高中物理教学过程融合物理文化的必要性研究［D］．大连：辽宁师范大学，2021：37.

许多物理规律无论是在地球还是在宇宙中，都是普遍适用的，这种普遍性正是物理学的核心。通过对万有引力、能量守恒等原理的学习，学生能够认识到物质和能量之间的相互作用是宇宙间的共同规律。这让他们获得对自然世界的系统认知，不再局限于局部现象，而能够从更高的视角理解事物。这种全局观，是物理学学习对学生的馈赠，让他们在探索自然时拥有更宽广的视野和更深刻的理解。

（二）培养学生的科学探究精神

科学探究精神是物理教学的重要目标。它不仅体现在知识的传授上，更在于培养学生敢于质疑、勇于探索、追求真理的态度。物理学通过实验、假设、验证等环节探索自然规律，学生在学习过程中会逐步意识到科学探究过程的价值。物理教学让学生认识到，科学并非一成不变的真理，而是一种不断验证、不断进步的过程。通过对科学探究过程的体验，学生能够感受到科学的魅力，逐渐形成科学探究精神。物理课上，学生不仅是知识的接受者，更是思维的探索者和创造者，他们可以从中获得对科学探究的热情和信念，为未来的发展奠定了求真务实的基础。

（三）为学生的后续学习奠定基础

物理知识并非仅是一系列定律和公式，更是理解和解释自然现象的关键工具。物理教学在向学生传授学科基础知识的同时，也培养了学生的科学思维，提升了他们的分析能力，这些都为他们未来的发展奠定了坚实基础。在工程、化学、生物、医学等诸多领域，物理学知识都占据核心地位，众多专业课程的学习离不开对物理概念的理解与运用。学生初步掌握物理学的核心概念与原理，得以为后续的专业学习做好准备，进而具备深入学习和应用知识的能力。

二、高中物理课程的基本理念

（一）课程目标：注重提高全体学生的科学素养

高中物理课程的核心目标是提升学生的科学素养，使其掌握基本的物理学知识，具备科学思维与探究能力。科学素养并非仅是对知识的掌握，更在于学生能运用物理学知识解释、解决日常生活中的实际问题。通过物理学习，学生能够掌握科学的观察、推理与实验方法，培养批判性思维和创新思维，

学会使用科学的语言分析自然现象。此外，物理学的学习也有助于学生形成系统性思维方式，理解自然规律，提高独立解决问题的能力。随着科技的飞速发展，科学素养愈发重要。高中物理课程帮助学生筑牢物理基础，培养科学素养，为他们在未来的学习和生活中应对复杂问题奠定基础。教学目标的达成，不仅依靠理论知识传授，还需借助课堂实践、实验活动、科学探讨等形式，促进学生能力的全面发展。

（二）教学过程：面向全体学生

高中物理教学强调面向全体学生，注重普及与个性化相结合。课堂教学一方面要确保学生掌握基础知识，另一方面需顾及学生在兴趣、需求和学习水平上的差异。教师需要采用多样化的教学策略，满足不同学生的学习需求，帮助学生在物理学习中找到自己的兴趣点，并依据自己的实际情况进一步探索。为保障教学质量，教师应充分了解每个学生的优势与不足，运用启发式教学、小组合作学习、实验探究等教学方法，活跃学生思维，增强其参与感。课堂上应鼓励学生积极提问、参与讨论，与同伴协作解决问题，使学生在获取知识的同时，提升自主学习能力。除了传统的课堂教学，还可借助信息技术手段，利用多媒体教学平台和虚拟实验室等途径，促进学生对物理知识的深入理解，激发学习兴趣。

（三）课程结构：重视基础，体现课程的选择性

高中物理课程结构的设计兼顾基础性与选择性，致力于让学生在扎实掌握物理学基础的同时，能够依据自身兴趣与未来发展需求适当进行课程选择。基础课程部分涵盖了物理学的核心内容，包括力学、电学、热学、光学等领域，为学生构建全面的物理学知识框架。这些基础知识不仅是理解物理学其他领域的前提，也是学生开展科学探究、解决实际问题的基础。为使课程更具灵活性，课程设计中加入了选择性内容，如现代物理、天体物理等。学生可根据兴趣和实际需要进行深入学习。这些选择性课程不仅拓展了物理学习的广度，也培养了学生自主学习能力和深入探索的精神。通过这样的课程结构设计，学生能够在具备扎实物理基础的前提下，拓宽视野，进一步明确并发展自己的学术兴趣，为未来职业方向做好铺垫。

此外，课程还可根据学科需求设置实验课程，培养学生的动手能力与创新思维，让他们，在实践中检验并深化对物理理论的理解。同时，高中物理

课程结构的设置还帮助学生在通识教育与专业知识之间找到平衡，充分发挥物理学科的教育功能。

（四）课程内容：体现基础性与时代性

高中物理课程内容的设计既要保证基础性，又要紧跟时代的发展，融入当前科学技术的最新成果和应用。基础性内容如经典力学、电磁学、热力学等，构成物理学科的核心，是学生理解和学习其他自然科学的基础，也是培养学生科学思维、提升解决实际问题能力的关键。随着科技的进步，物理学不断开拓新的领域，比如人工智能与物理学的结合等新兴方向。因此，现代物理学的相关知识应及时融入高中物理课程中，帮助学生了解当代科技前沿和物理学的新发展。

第二节　高中物理教学特点与课程类型

一、高中物理教学的特点

物理教学是贯彻物理教学大纲、实现教学目标和任务的重要途径，它不仅是传授物理知识的过程，更是培养学生科学思维、实践能力和创新意识的关键环节。高中物理教学的目的是培养学生的综合能力，有着自身特点[①]。

（一）以观察与实验为前提

物理是一门兼具科学性与实践性的学科，其科学性主要源自实验，而实验的实施则离不开观察。观察与实验不仅是物理学科发展的根基，也是物理教学的核心元素。在物理学的形成和发展过程中，观察与实验的作用不可忽视，它们不仅用于验证理论，还在实践中持续推动科学知识的积累和更新。物理学的研究方法，特别是观察与实验方法，也深刻影响着物理教学的形式与内容。

物理学中许多重要理论和规律，最初往往源于对自然现象的细致观察，而后这些现象的规律性又通过实验得到进一步验证。高中物理教学中，学生通过观察身边的物理现象，逐步积累感性认识，并在实验中验证理论，完成

① 张志英．物理教学特点及对策［J］．才智，2012（6）：129.

从感性认识到理性认识的飞跃。因此，观察和实验既是物理知识的源头，也是学生发展科学思维与批判性思维的重要手段。

进一步而言，物理实验是培养学生科学素养、创新精神和实践能力的重要途径。在物理教学中，教师应组织丰富多样的实验活动，使学生在实验过程中掌握基础实验技能，同时培养独立思考和解决问题的能力。实验不仅有助于学生理解抽象的物理概念，还能够激发学生的好奇心和探究欲。通过实验，学生可以更直观地感受到物理规律的实际应用，并在数据的收集与分析过程中，提升数据处理能力和科学推理能力。

（二）以物理概念与规律为中心

物理概念和规律构成了物理学科的核心，是学生学习物理的基础和关键。这些基本概念和规律，既是知识体系的基础框架，也是学生理解和掌握物理知识的基石。深入理解它们，对学生全面掌握物理学科的知识体系至关重要。它们不仅可以帮助学生形成对物理现象的正确认知，还能促使学生在解决具体物理问题时，能够运用科学的思维方式进行分析和推理。物理概念和规律的学习具有显著的系统性和逻辑性，它们通过高度抽象的思维方式，将复杂的物理现象归纳为简单明了的规律。这不仅能帮助学生在学习过程中形成清晰的知识框架，还能促进知识的迁移，使学生能将所学的物理知识灵活应用于其他学科，缩小不同知识领域之间的认知差距。

物理概念和规律并非孤立存在，它们是科学实验和观察得出的结果，是对自然界物理现象的客观反映。因此，物理教学必须以这些概念和规律为核心，围绕它们展开教学活动，让学生通过实验和探究，深刻地理解物理世界的内在联系。这种教学方式有助于培养学生科学的观察能力与实验能力，让学生在实际操作中验证物理规律，提升科学素养和问题解决能力。

从更广泛的教育角度来看，物理概念和规律的教学并非仅是知识的传授，更是培养学生逻辑思维能力与抽象思维能力的过程。在理解物理概念的内涵及其相互关系的过程中，学生能够更加清晰地认识到物理学科的系统性和严密性。随着对物理概念和规律的深入掌握，学生还能在实际生活中更敏锐地识别物理现象，并形成正确的判断，进而找出恰当的解决方法。

（三）以辩证唯物主义思想为指导

辩证唯物主义作为马克思主义哲学的核心思想，在日常生活中无处不在，在物理教学中，其影响尤为显著。辩证唯物主义思想强调自然界和社会现象的普遍联系与发展变化，主张通过全面、发展的眼光看待问题，并提供认识和解决问题的方法论。在物理教学中，辩证唯物主义不仅是思想指导，更体现了物理学学科的内在逻辑。物理学的每一个概念和规律背后都可以找到辩证唯物主义思想的痕迹——从简单的实验到复杂的理论，每一次科学探索的推进，都彰显着辩证法对认识论和方法论的深刻影响。

通过辩证唯物主义思想的引导，物理教学能够帮助学生从更高的层次认识物理学的本质特征。这种思想既能启迪学生在学习过程中的思维方式，帮助他们形成辩证的思考习惯，也能引导学生全面、深入地理解物理概念及规律的内涵与外延。辩证唯物主义认为，物质是世界的基础，物理规律反映了自然界的基本规律和物质的运动状态，这种思维方式要求学生在学习物理时，从整体出发，考量事物的内在联系与发展变化，而非仅关注表面现象。

辩证唯物主义思想的融入，使得物理教学不再只是概念传授和规律讲解，更是培养思维方式和塑造世界观的过程。在此过程中，学生在获取物理知识的同时，也受到辩证唯物主义世界观和方法论的熏陶。这种思想的影响，既体现在物理学知识结构和教学方法中，也深刻作用于学生的思想认识，帮助他们建立科学的世界观、人生观和价值观。

（四）以数学方法为重要手段

任何学科都不是孤立存在的，都与其他学科间有着密切的联系。物理学注重逻辑思维，涉及客观数据，与数学的联系极为紧密。在物理教学中，数学方法的运用展现出诸多优势：一是高度概括性，它能够将复杂的物理概念和规律，用极具概括性的语言表述出来，便于学生的理解；二是简捷且严密的逻辑思维方式，有助于学生构建物理思维；三是作为计算工具所表现出的严密性、逻辑性和可操作性等特点，在物理理论的构建、发展及应用中发挥了巨大的作用。

数学方法和数学思维在物理教学中的运用，有助于学生在分析和解决物理问题时，能够自觉地将其与数学的思维和方法结合起来，做到二者间的相互转化。一方面，能将物理问题转化为数学问题，用数学思维和方法解决物理问题；另一方面，能领悟数学表达式中的物理内涵。通过这种方式，学生对物理知识的理解更加深刻，分析和处理物理问题的能力也能够得到提升。

（五）重视发展学生情感、态度与价值观

教学的终极目标在于培养全面发展的人才，因此教学的过程应围绕这一目标展开，可将其视为培养学生全面、和谐、健康发展的过程。具体到物理教学，其意义也不应仅是指导学生学习物理基础知识，培养学生物理思维与创新能力，还应在物理教学中融入情感教育，促进学生心与智和谐发展。

物理学蕴含着科学精神与思想品质，物理学习能够磨炼学生意志，促进学生科学态度与价值观的养成，让学生在获取知识的同时，充实人文精神，提升自身品质。基于此，物理教师应该面向全体学生，关注学生的实际发展，着眼于学生的未来，从思想、情感和道德品质等方面开展物理教学，为学生的终身发展筑牢根基。

二、高中物理课程类型

对课程类型的掌握有助于教学活动的有效开展。在我国长期的教学实践中，班级授课一直是各科教学的主要形式。组成班级的学生通常年龄相仿，认知水平相近，人数控制在一定范围内。班级授课的内容一般以教材为基础，围绕教学大纲和教学计划所设定的内容，按照学期划分为若干个小单元，并在规定时间内完成。

物理学是一门特殊的学科，物理教学目标的完成，既受到物理教学内容的质量、难易程度及知识的关联性影响，又受学生原有经验、知识水平和心理品质因素制约。因此，在物理教学的各个环节，学生对物理知识的掌握需要经历一系列过程：从感知物理现象，到认识物理状态；观察物理状态时察中分析其变化条件；在此基础上建立相应的物理观念或模型；进而探寻并总结规律，掌握运用规律解决实际问题的技能。这要求在不同阶段，贯彻因材施教的原则。由此，会出现教学程序不一的现象①。

在具体的物理课堂教学实践中，不同的课型在教学程序和时间分配上是可以灵活调整的。具体需要根据教学内容的状况和教学对象的实际情况，如此才能保证理想的教学效果。根据教学任务的不同，可将物理课分为以下类型。

---

① 杨成．初中物理教学实践 [M]．沈阳：东北大学出版社，2015：36-41.

（一）物理新授课

物理新授课是高中物理课程中最为基础且关键的课型，其主要任务是向学生传授新知识，帮助学生掌握物理学科的基本概念和理论。在新授课教学中，不仅要让学生了解物理规律，还要培养学生运用这些规律解决实际问题的能力与方法。通过新授课，学生能够掌握物理学科的基本原理，并逐步习得分析和解决物理问题的技巧。在进行物理新授课时，教师的教学准备尤为关键。教师需提前制定明确的教学目标，并根据目标选择合适的教学方法与策略。这要求教师深刻理解教材内容，结合学生的学习状况和兴趣进行教学设计，确保每一堂课都能高效完成教学任务。

物理新授课不仅是传授知识的过程，更是培养学生科学思维、动手能力和问题解决能力的重要途径。在教师的精心设计和引导下，学生能够在新授课中逐步掌握物理学的基本概念和研究方法，扎实地筑牢物理学科基础，也为后续的学习与知识应用奠定根基。

（二）物理实验课

高中物理实验课是物理教学中的重要组成部分，其主要目的是通过实验的方式深化学生对物理概念、原理和规律的理解与掌握。物理实验课强调学生在教师的指导下，运用已有的理论知识，独立完成仪器操作，培养实验能力与科学探究精神。实验课不仅有助于学生实践能力的发展，还能激发他们对物理学科的兴趣和好奇心，进而提高其综合素质与科学素养。

物理实验课通常包含三个关键阶段：准备阶段、操作阶段和总结阶段。每个阶段都有独特的功能和意义，确保学生能够通过系统的实验过程达到预期的教学目标。

1. 准备阶段

准备阶段是实验成功的基础，为实验的顺利开展奠定了坚实的基础。在这一阶段，学生需要充分了解实验的目的与要求，掌握实验原理，熟悉实验仪器设备的性能及操作规范。同时，学生还需要对实验装置的结构和工作原理有清晰的认识，确保在实际操作中得心应手。在实验设计方面，学生应当提出合理的实验方法，设计科学的实验步骤，并根据实验要求制订实施措施。此外，准备阶段还要对实验过程中的潜在风险进行评估，并做好相应的安全预案。充足的准备工作能够有效避免实验过程中出现的失误和偏差，为后续

实验的顺利进行提供保障。

2. 操作阶段

操作阶段是物理实验课中的核心环节，实验操作的准确性直接决定实验结果的有效性与可靠性。学生在这一阶段通过动手操作，收集实验数据，并仔细观察实验现象。在实验过程中，学生不仅要按实验步骤准确操作，还要注重从实验现象的变化中提取规律，通过分析不同变量之间的关系，进一步理解和验证物理学原理。在这一过程中，教师的作用尤为关键。教师应当巡视观察学生的操作，及时发现并纠正学生操作中的失误，避免实验错误的发生。但也应避免过多干预学生的实验过程，以免影响学生的独立思考与探索精神。对于学生在实验中表现出的创造性思维和独特的操作方式，教师应给予积极的鼓励与表扬，以培养学生自主学习和创新能力。

3. 总结阶段

总结阶段是实验教学的最后环节，不仅要对实验结果和现象进行总结，还要对学生的实验表现进行评估和反思。学生在这一阶段需要分析实验结果，探寻实验成功或失败的原因，进一步理解和总结实验中得到的物理规律。同时，学生还要讨论实验中可能存在的不足，探讨能否通过改进实验设计或采用其他实验方法来达到相同的实验目标。教师可以引导学生深入思考、讨论，帮助学生理解实验过程中可能存在的复杂因素，提高他们的分析和解决问题的能力。此外，教师还应鼓励学生进行小组合作，分享实验经验和心得，促进集体智慧的碰撞和创新。

物理实验课的教学效果与学生的兴趣和参与度密切相关。学生的学习兴趣越高，他们的积极性和主动性就越强，课堂互动的效果也更加显著。因此，调动学生的兴趣，激发他们的探索欲望，是物理实验课的关键。物理教师应为学生提供足够的实验机会，营造丰富的动手操作和思考的环境；通过设计多样化的实验任务，激发学生的好奇心与创新精神，培养他们的科学素养和实验能力。

（三）物理练习课

物理练习课的核心目标在于通过实际操作和实践，帮助学生将理论知识转化为实际应用能力。这一目标反映了“学以致用”的教育理念，也是学习过程的终极追求。物理练习课对于物理教学的重要性不言而喻，它不仅是知识传授的延伸，更是连接理论知识与实践技能的桥梁。在课堂教学中，学生通过实践性学习深化对物理原理的理解，进而加深对物理学科的认知。物理练习课的开展，有助于巩固学生对物理知识的掌握，特别是在知识的内化过程中，能够帮助学生通过多样化的实践活动反复强化对理论知识的理解与记忆。

练习课能够培养学生的知识迁移能力，使他们能够将抽象的物理理论应用到具体的实践问题中，解决日常生活中的实际问题。更为重要的是，物理练习课为学生提供了一个培养和提升物理技能的平台，尤其是在解决实际物理问题时，学生需要灵活运用物理思维方法，通过实验操作、数据分析等手段，训练自己的问题解决能力，进而掌握解决物理问题的科学方法与思维方式。因此，物理练习课不仅是学习知识的过程，更是发展物理思维、培养解决实际问题能力的关键环节，对提升学生的综合素质具有重要意义。

（四）物理复习课

复习课是对前一阶段所学知识的巩固。依据遗忘曲线理论，适时复习能够缓解遗忘。开展复习课，就是针对学习过程中的遗忘现象采取的一种教学形式。通过复习，学生能够加深对所学知识的记忆，深化对物理概念、定律的理解；还能对所学内容进行前后联系，建立知识间的联系链，复习的过程，也是将新知识融入知识体系的过程。

针对遗忘规律所开展的复习课，一般可分为以下两大类。

1. 平时复习

平时复习可贯穿物理教学的整个过程，不局限于固定的时间与场合。只要是物理教学，都可以引导学生进行知识的巩固与复习。物理教师可根据物理学科的特点和学生实际情况，制订科学合理的复习计划，灵活选择复习的内容与方式。例如教师可以在讲授新课的时候，引导学生回忆与新课内容相关的旧知识，达到温故而知新的效果。

2. 阶段复习

阶段复习可在单元学习后、学期中或学期末等环节进行，也可以综合进行。不同的阶段，教师要根据教学内容、任务要求以及学生的学习情况，有针对性地选择复习内容，照顾到不同水平层次的学生。例如，阶段复习可选择在一单元学习之后，或是一个学期的期中、期末，根据学生及教学的实际情况，组织一至数节课用于物理知识的复习。

复习教学，应强化学生对重要物理概念、定律的理解，培养学生知识迁移、解决实际物理问题的能力，帮助学生掌握物理学习方法。通过增强学生所复习内容的理解，促使其形成对知识结构新的认知。无论是哪个阶段的复习，都应该遵循循序渐进和联系的原则，从知识内在联系的角度，引导学生主动构建知识体系，实现知识的迁移与延伸。

教师要引导学生根据构成知识体系的各部分在整体结构中的地位，进行不同程度的巩固强化，以促成知识的吸收和内化。在此基础上，还需要培养学生应用物理工具（物理模型、实验设备等）的能力，掌握物理方法与技巧，进而实现运用知识解决实际问题的目标。判断复习课的效果可考查以下方面：学生是否理解并掌握物理基本概念和规律；是否建立知识间的内在联系；是否形成知识的整体结构等。如果这些都实现了，学生的物理学习方法与能力将得到提升。

（五）教学参观课

教学参观课是高中物理课程中的重要组成部分。它通过组织学生参观科研机构、实验室、科技展览、工业生产现场等外部环境，拓宽学生视野，丰富其物理知识。与传统的课堂教学不同，教学参观课强调理论与实践相结合，该课程通过让学生亲身接触与物理学科相关的实际场景，促进他们对物理知识的理解和对实际应用的认识，进而激发学生的学习兴趣和科学探索精神。

教学参观课为学生提供了一个直接接触物理学应用的机会。通过参观科研机构、实验室和高科技企业，学生能够见识到现代物理学理论在各种实际场合中的应用，如新材料的研发、电子产品的生产过程、物理实验设备的使用等。这种亲身体验有助于学生将抽象的物理概念与具体的实际现象相联系，从而深化他们对物理学的理解。同时，学生还能够感受到物理学科的实际价值与广泛应用，从而增强对物理学科的兴趣和热情，提高学习物理的动力与主动性。

教学参观课有助于培养学生的科学素养和创新思维。通过参观一线科技生产和科研工作场所，学生不仅能了解当前物理学科的最新发展动态，还能深入了解物理学家和工程师们如何将物理理论转化为实际应用。这种参观体验能够激发学生对科学问题的深度思考，培养他们分析和解决实际问题的能力，并在一定程度上提升他们的创新意识。尤其是参观一些高科技生产线和实验室，学生能够更加直观地感受到物理学在现代科技进步中的重要作用，从而激发创新思维，培养探索未知领域的好奇心。

教学参观课能促进学生理论知识与实践技能的融合。虽然课堂教学为学生提供了扎实的理论基础，但仅凭理论知识并不能完全理解物理学在实际生活中的应用，而参观实践性强的生产、科研和技术场所时，学生能通过观察与参与，看到理论如何在实际工作中发挥作用。例如，参观高能物理实验室，学生可以了解粒子加速器的工作原理和使用方式；参观能源工厂，学生可以观察到物理学在能源转化和利用中的实际应用。通过这种学习形式，学生不仅能够验证课堂上学到的知识，还能够在实践中积累宝贵的经验，培养自己的实际操作能力和技术应用能力。

第三节　高中物理教学原则与根本任务

一、高中物理教学的原则

教学原则是反映教学过程规律性的一般准则，它们是根据教学目的和教学过程的规律提出的，是教学实践经验的总结，是教学必须遵循的基本要求。正确运用教学原则处理教学过程中各种矛盾关系，为矛盾向有利于培养人才的方向转化创造条件，是提高教学质量的重要保证。在高中物理教学过程中，遵循一定的教学原则是确保教学质量、提升学生物理素养的关键。物理作为一门基础自然科学，具有高度的理论性、逻辑性和实践性，因此在教学过程中，教师必须遵循一定的原则，以促进学生形成扎实的物理知识体系，并提升他们的科学素养与思维能力。

（一）科学性原则

物理学是一门建立在实验和数学推理基础上的自然科学，其理论体系具有高度的严谨性。因此，在物理教学过程中，教师必须确保所传授的知识符合科学规律，内容准确无误，逻辑清晰严密，避免错误或片面解释，以免误导学生。

教师在授课过程中应以科学事实和实验数据为依据，避免主观臆断。例如，在讲授牛顿运动定律时，教师应结合实验现象，如通过光电计时器测量小车的加速度，验证“加速度与力成正比，与质量成反比”的结论，而不能

仅凭经验讲解。此外，教师在解释物理概念和定律时应使用严格的科学术语，避免模糊或不准确的表述。例如，在讲解“功”的概念时，必须明确指出功是力与位移在同一方向上的分量的乘积，而不能简单地说“只要有力的作用就一定做功”，以免让学生产生误解。

科学性原则要求教师在教学中注重介绍物理学科的发展与前沿知识，使学生了解物理学在现代科技中的应用。例如，在讲解电磁感应定律时，教师可以结合当前无线充电技术、磁悬浮列车等实际应用案例，使学生理解物理学科不局限于课本知识，而是与社会发展密切相关。

科学性原则还要求教师尊重学生的认知规律，循序渐进地讲解物理知识，避免教学内容过度简化或过度复杂化。对于初学者，教师应通过直观的实验或模型演示来帮助他们理解抽象概念。例如，在讲解电场的基本概念时，可以利用油滴实验或电场线模拟实验，使学生形象地理解电场强度的方向性和分布情况。

（二）系统性原则

系统性原则强调物理教学内容应按照一定的逻辑顺序和知识体系进行组织，使学生能够循序渐进地学习，并建立完整的知识网络。物理学本身就是一门高度系统化的学科，其理论体系由基本概念、基本定律、基本公式等构成，因此，教师在教学过程中必须按照科学合理的顺序组织教学内容，以帮助学生构建完整的物理知识体系。

系统性原则要求教师在教学过程中注意知识之间的内在联系，避免孤立讲解。例如，在讲授动力学知识时，应先讲解质点运动学的基本概念，如速度、加速度等，然后再引入牛顿定律，解释力与运动的关系，最后结合动能定理、功率等内容进行拓展，使学生形成从运动描述到运动原因再到能量变化的完整认知体系。

教师在教学过程中要注重知识的层次性，保证教学内容由浅入深、由易到难。例如，在学习电磁学时，学生首先需要掌握静电场的基本概念，如电荷、电场强度、电势能等，然后再学习磁场的基本知识，如安培定则、磁感应强度等，最后再结合电磁感应定律学习交变电流和电磁波等更复杂的内容。如果教师忽略这一系统性，直接讲授交变电流的知识，学生则可能会因缺乏基础概念而难以理解，从而影响学习效果。

系统性原则还要求教师在教学过程中注重知识的横向联系，使不同章节的知识点相互呼应。例如，在学习电学知识时，可以适当回顾力学中的受力分析方法，将库仑力与万有引力进行类比，使学生掌握不同物理概念之间的共性和区别，从而提高综合应用能力。同时，在复习过程中，教师还可以通过思维导图、知识框架总结等方式，引导学生整理知识体系，提升整体认知水平。

（三）适应性原则

适应性原则的核心在于教学内容、教学方法以及教学节奏需与学生的认知水平、学习能力和个体差异相匹配，从而实现教学的最佳效果。高中物理作为一门实验与理论并重的学科，涉及大量抽象概念、数学推导及复杂的物理模型，这些内容对于不同基础的学生而言，其理解和接受的难度也有所不同。因此，教师在教学过程中应充分考虑学生的认知发展特点，依据不同学生的知识储备和学习能力调整教学内容的深度和难度，确保教学的适应性。

适应性原则要求教师在课程设计时应注重因材施教，避免“一刀切”的教学模式。面对不同学习水平的学生，教师可以采用分层教学的策略，例如，对于基础较弱的学生，可以适当降低抽象概念的难度，借助具体案例、生活实例或实验演示增强理解；而对于能力较强的学生，则可以适当增加开放性问题或探究性实验，以激发其思考能力和创新精神。如此一来，不同层次的学生都能在适合自己的节奏下有效地学习物理知识。

适应性原则还要求教师能够灵活调整教学方法，以满足不同学生的学习需求。传统的讲授式教学虽然可以高效地传递知识，但未必能充分调动学生的学习兴趣和主动性。因此，教师可以结合探究式教学、合作学习、项目式学习等多样化的教学方式，让学生在自主探究和合作讨论中逐步掌握物理概念。例如，在学习电磁感应定律时，可以组织小组实验，让学生通过实际操作观察感应电流的变化情况，并结合数学分析归纳规律，从而加深对知识的理解。

此外，教学节奏的适应性也是该原则的重要体现。高中物理学习涉及大量的数学计算和物理推导，有些学生可能在某些知识点的理解上需要更多时间，因此教师应在课堂教学中适当安排思考时间，给予学生充分的练习机会，确保他们真正掌握所学内容。同时，教师还可以根据学生的反馈情况调整教学进度，例如，在遇到较难的知识点时适当放慢速度，确保所有学生都能跟上学习节奏，而在较简单的知识点上则可以加快进度，从而提高课堂效率。

（四）激励性原则

激励性原则是指在高中物理教学中，教师应通过有效的激励手段，调动学生的学习积极性，以此增强他们对物理学科的兴趣与自信心，使其能够在持续的学习过程中保持高昂的求知欲和探索精神。物理作为一门理论性较强的学科，涉及较多复杂的推导、计算和实验设计，部分学生可能会因学习难度较大而产生畏难情绪，甚至对物理学习失去兴趣。因此，教师需要运用多种激励策略，帮助学生克服学习中的困难，培养他们的学习动力和成就感。

物理学习中有许多需要动手实验的环节，教师可以通过设立合适的学习任务，让学生在亲自操作、分析数据、得出结论的过程中体会科学探究的乐趣。例如，在讲解自由落体运动时，教师可以让学生自己设计实验，测量不同高度下的物体下落时间，并利用数学方法分析结果。通过这些实践活动，学生不仅能够更好地理解相关知识，还能获得自我挑战与成功的满足感，从而增强学习兴趣。

教师应运用积极的语言激励学生，建立良好的师生互动关系。物理学科的学习过程充满挑战，许多学生在遇到难题时容易产生挫败感，甚至怀疑自己的能力。因此，教师在课堂上应多采用鼓励性评价方式，例如在学生解答问题或进行实验时，即使答案不完全正确，也要对其给予肯定和引导，帮助他们找到问题所在，并鼓励他们继续思考。这样可以增强学生的自信心，使他们在面对困难时也愿意主动尝试，而不轻易放弃。

此外，激励性原则还强调教学内容的趣味性和现实联系。教师可以结合物理史上的科学故事、前沿科技发展以及生活中的物理现象，使课堂教学更加生动。例如，在讲解电磁波时，可以介绍无线通信、雷达技术、医疗成像等实际应用，让学生认识到物理知识的广泛用途，从而激发他们的学习兴趣。同时，教师还可以运用竞赛、游戏、情境教学等方式，使学生在轻松愉快的氛围中学习物理知识，从而提高课堂的趣味性和参与度。

合理的评价与激励机制也是实施激励性原则的重要方式。传统的物理教学评价往往以考试成绩为主，但这种单一的评价方式容易让学生产生焦虑。因此，教师可以采用多元化评价手段，例如过程性评价、实验报告、探究性学习成果展示等，让学生在不同方面获得认可。同时，还可以设置学习目标奖励机制，例如在班级中开展“物理小达人”评比，对在课堂讨论、实验探究、解题思维等方面表现突出的学生给予奖励和表扬，以激发学生的学习热情。

（五）实践性原则

实践性原则要求教师设计丰富的实验和实践活动，帮助学生通过亲身体验和观察来理解抽象的物理概念。物理学本质上是一门实验科学，其许多理论都源于实验观察，只有通过动手实践，学生才能真正掌握物理知识的精髓。因此，实践性原则强调教师在课堂中应安排充足的实验时间，提供可操作性强的实验内容，激励学生在实际操作中验证和理解物理现象。

实践性原则还要求教师为学生创造自主探究的机会，使其在探索和操作中发现问题并寻找答案。实践性教学方法鼓励学生在实验过程中发挥主动性，通过独立思考和分析来理解知识。例如，在学习电学知识时，教师可以让学生自己搭建电路，调节电流、电压，观察变化情况。通过这样的探究活动，学生在解决问题的过程中可以发现电学原理的实际应用，并加深对概念的理解。这种自发性的实验活动不仅能够巩固理论知识，还能培养学生的科学素养和实验动手能力，使他们在真实的情境中锻炼解决问题的能力。

物理实验不仅仅是操作，更重要的是对实验数据的分析和对现象的理解。教师在课堂中应引导学生仔细观察实验现象，并对实验结果进行分析。为了更好地贯彻实践性原则，教师还应将物理实验与日常生活结合起来，使学生在生活的情境中感受到物理现象的存在。例如，在讲解力和运动的关系时，教师可以安排一些与生活相关的小实验，如用不同的力度推动物体，观察物体运动的不同状态。学生在这些贴近生活的实验中能更加直观地理解物理概念，并意识到物理知识就在身边，从而增加他们的学习兴趣和实践动机。这样的设计让学生不再将物理知识视为枯燥的理论，而是理解为可以在日常生活中应用的有用工具，从而提高他们的学习积极性和参与度。

实践性原则强调教学要注重实验的多样性和层次性，以满足学生在不同学习阶段的实践需求。高中物理涉及的实验形式多样，从简单的观察实验到复杂的探究实验，教师都应当根据学生的理解能力和实验操作能力合理安排合适的实验。

在实践性原则的指导下，物理教学还需要注重对实验安全性的教育。在动手实验中，学生的安全意识和操作规范同样至关重要。因此，教师应在课堂上详细讲解实验的安全操作规程，并在实验过程中时刻提醒学生注意安全。

实践性原则的有效落实还需要教师在课堂后进行实验的总结和反思。物理实验结束后，教师应引导学生进行实验总结，并在反思中发现实验过程中

的不足和改进空间。通过总结和反思，学生能够更深刻地理解实验的意义，并在下次实验中避免同样的问题。例如，教师可以要求学生撰写实验报告，同时记录实验步骤、数据和分析过程，并在课堂上分享他们的收获和发现。这种方式不仅有助于学生的知识巩固，还能提高他们的科学记录能力和实验总结能力，从而促使他们在物理学习中养成良好的实践习惯。

（六）互动性原则

互动性原则强调课堂教学应当重视师生之间和学生之间的交流互动，以此提升学生的学习体验和知识掌握水平。物理学作为一门注重逻辑思维与实际操作的学科，许多概念和原理需要通过交流、讨论和相互启发来加深理解。在互动性原则的指导下，教师在教学过程中不仅需要通过提问与学生交流，还应鼓励学生之间互相提问、讨论，从而让整个课堂充满思维的碰撞。例如，在讲解电磁感应的知识时，教师可以向学生抛出问题，让学生尝试在小组内讨论磁场的产生和应用。互动不仅能激发学生的思考，还能让他们在与同伴的交流中发现新的思维方式，以此深化对知识的理解。教师应在课堂中设计多种交流方式，创造良好的互动氛围，以增强学生的参与感。

互动性原则的实施可以借助现代信息技术，利用多媒体和网络资源增强课堂互动效果。物理课堂中有许多现象难以通过传统方式展示，教师可以利用多媒体工具，将实验视频、3D 模拟等引入课堂，使学生能够更加直观地观察和理解物理现象。例如，教师在讲解电场时可以通过 3D 软件展示电场的分布，让学生在互动中进行虚拟探究，通过改变参数观察电场的变化，从而获得直观的理解。这种互动方式不仅能够增强学生的学习体验，还能促使他们在虚拟环境中进行思考和探索，从而使物理知识的学习更加生动有趣。

二、高中物学教学的根本任务

（一）培养学生的唯物主义观点

物理学作为自然科学，蕴含着丰富的辩证唯物主义内容，对于培养学生辩证唯物主义的观点具有重要作用。

在物理教学中，培养学生辩证唯物主义观点的基本内容是：通过物理基础知识的教学，使学生认识到世界是物质的；运动是物质的根本属性；物质运动的形式是多种多样的；物质运动的发展、变化有它本身的规律性，这些规律是可以逐渐被认识的，人类正是通过认识和掌握这些规律能动地改造世界。通过物理教学，要使学生学会用相互联系和运动变化的观点去分析物理现象，研究物理定律的适用条件和范围，还要让学生明白物理概念和定律建立在实验基础上，并在实践中经受检验和发展，从而使学生懂得实践是检验真理的唯一标准，并养成在观察和实验的基础上探求物理知识的习惯。

第一，认识世界的物质性。物质的客观存在决定人们的认识，这是辩证唯物主义的基本原理。因此，在物理教学中，必须坚持从客观事实出发，以观察和实验为基础的原则。

第二，认识物理现象与其发展过程是对立统一的。对立统一规律是普遍存在的，发展是对立面的统一和斗争。教学中要把这一观点贯彻始终。

第三，认识一切自然现象都是物质运动的表现。世界上形形色色的现象，从最简单的机械运动到高级的人类思维活动，都是物质运动的不同形态。要强调运动的多样性，以免学生狭隘地理解运动只是一种机械运动。

第四，认识发展是量变引起质变的过程。发展一般是先从量变开始，逐步积累起来，在某一阶段发生量变而引起质变。例如，物态变化就是量变引起质变这一辩证规律的典型例证。

总而言之，对学生进行辩证唯物主义观点的教育，要与物理知识的教学紧密、有机地结合起来，使思想教育寄于物理教学之中。这种教育要通过对物理现象和规律的讲解来实现，而不是附加于物理知识之外。要避免脱离具体的物理知识教学去讲哲学问题，把物理课上成哲学课。但是也不要认为，教好物理知识就等于贯彻了辩证唯物主义教育，这种想法也是不全面的。物理教师应当结合物理教学自觉地运用辩证唯物主义，有意识地对学生进行辩证唯物主义观点教育。

（二）促使学生掌握物理基础知识

物理学是自然科学的重要分支，其核心任务是培养学生对物理现象的理解，使其掌握基本概念和基本规律，并能够在实际问题中加以运用。高中物理教学涵盖力学、光学、热学、电学等多个领域，其中力学和电学作为重点内容，为学生进一步学习物理及相关学科奠定了基础。

1. 学生须掌握的物理知识

物理教学的核心在于培养学生对物理现象的观察能力，使其能够通过实验与实践获得感性认知，并在此基础上形成科学的物理概念和物理规律。物

理现象与实验是学生学习物理知识的感性来源，而物理概念与规律则是知识体系的核心。在高中阶段，学生需要学习牛顿运动定律、电磁感应定律、热力学定律等重要理论，并通过实验加深对它们的理解。例如，探究自由落体运动实验能够帮助学生建立加速度的概念，而探讨电磁感应实验则能使学生掌握法拉第电磁感应定律的实质。

2. 物理知识的实际运用

物理是一门实验科学，教学不能停留在理论层面，更重要的是培养学生将知识应用于实际的能力。这不仅能够增强学生对物理概念的理解，还能激发其学习兴趣。物理知识的应用主要体现在以下方面。

（1）物理实验与日常生活现象

实验是物理学的基础，在高中物理教学中，实验能帮助学生直观理解抽象的物理概念。例如，通过阿基米德定律的实验，学生能够理解浮力的作用机理；通过伏安法测量电阻的实验，学生能够掌握电阻计算方法。此外，物理知识也普遍存在于日常生活之中，例如物体的惯性现象、热传递现象以及摩擦起电现象等。通过对这些现象的分析，可以增强学生对物理学的亲切感，使其认识到物理学的普遍性和重要性。

（2）物理在生产中的应用

物理知识广泛应用于生产实践，如液体和气体压强原理在液压机、液压传动、离心泵等设备中的应用，能量守恒定律在热机工作过程中的体现，以及电磁学原理在发电机、电动机等设备中的实际应用。在高中物理教学中，应重点介绍这些应用的基本原理，使学生了解物理学在生产中的重要作用，而不必深入探讨复杂的工程技术细节。

（3）物理在现代科学技术中的应用

物理学作为自然科学的基石，对现代科技的进步起到了至关重要的作用。高中物理教材通常会涉及一些现代科技成果，如原子能技术、航天技术（火箭和人造卫星）、新型电池以及超导体的应用等。这些内容不仅较为前沿，还能帮助学生开阔视野，使其认识到物理学与现代科学技术的紧密联系，从而增强探索科学的兴趣和动力。

（三）培养学生综合能力

在高中物理教学中，培养学生的综合能力是实现教学目标的重要环节。这不仅关乎学生对知识的理解和掌握，更直接影响他们在未来学习和工作中的适应能力和创新能力。因此，在教学过程中应当有意识地加强对学生综合能力的培养，以提升教学质量，实现人才培养的根本目标。

1. 培养学生的思维能力

思维能力是学生综合素质的重要体现，尤其在物理学科中，物理概念的形成、物理定律的发现以及科学理论的突破，都依赖于高度的抽象思维能力。因此，培养学生的思维能力，不仅有助于提升他们对物理知识的理解，还能促进创新意识的形成，使其具备解决复杂问题的能力。

物理教学应结合学科特点，通过分析问题、推导公式、建立物理模型等方式，锻炼学生的逻辑推理能力和抽象思维能力。例如，在讲解力学知识时，教师可以引导学生从具体的运动现象入手，逐步归纳出牛顿定律，并通过典型案例的分析，让学生理解物理定律的适用范围和内在逻辑。此外，通过实验探究、思维训练题、开放性问题讨论等教学方式，鼓励学生自主思考，培养其批判性思维和创造性思维。

2. 培养学生的数学能力

数学是物理学的重要工具，在物理学习和研究过程中，数学知识的运用贯穿始终。从观察实验到理论推导，从感性认识到理性总结，乃至运用物理理论指导实践，数学方法始终发挥着重要作用。因此，在高中物理教学中，培养学生的数学能力，尤其是运用数学工具分析和解决物理问题的能力，是提升学生综合素养的关键。

（1）用数学工具进行计算。在物理学中，很多问题要进行大量计算。例如，从实验数据得出结论时需要计算，在解答物理习题时需要进行大量计算。

（2）利用数学知识表示物理概念和规律。在物理学中，物理概念常以数学形式来表示。

（3）运用数学知识进行分析、推理和论证。数学方法是进行推理、论证的有效工具和抽象手段。在物理学中，有些公式反映了基本定义和实验定律，有一些则是导出公式。从实验定律和基本定义出发，运用数学方法来进行推导、验证和论证，从而得到许多以导出公式表示的重要推论。

（4）运用数学语言表达概念与定律。在物理教学中，要培养学生运用数学知识解决物理问题的能力，要先培养学生正确运用数学语言和方法来表述物理概念和定律的能力。因此，在教学中需注意把概念、规律的物理意义与数学表达式结合起来，使学生既了解数学公式的来源，又能正确理解其物理意义。

3. 培养学生的实验能力

物理学是一门以实验为基础的科学，实验不仅是理论知识的重要验证手段，还是学生掌握科学研究方法、培养严谨科学态度的关键环节。高中物理教学应注重实验能力的培养，使学生能够熟练掌握基本的实验技能，理解实验方法，并在此基础上培养学生严谨的科学思维。

具体而言，学生应学会使用常见的实验仪器，如刻度尺、卡尺、量筒、天平、弹簧秤、温度计、安培表、伏特表、滑线变阻器等，并能正确地操作这些仪器，确保实验数据的准确性。在实验过程中，学生应遵守安全操作规范，严格按照实验原理和实验步骤进行实验，细致观察实验现象，准确测量和记录数据，并对数据进行整理、分析，最终形成科学合理的实验结论。此外，实验报告的撰写也是实验能力培养的重要组成部分，学生应学会清晰、规范地记录实验过程和结果，以此形成科学的实验报告书写能力。

通过实验能力的培养，学生不仅能够深入理解物理概念和定律，还能在实践中锻炼动手操作能力和分析问题的能力，从而为未来进一步学习现代科学技术奠定坚实的基础。

4. 培养学生的自学能力

在高中物理教学中，培养学生的自学能力至关重要。这种能力不仅关系到学生在校期间的学习效率，还直接决定他们在未来能否持续主动地获取知识，以适应不断发展的科学技术环境。物理学科的学习内容丰富，涉及大量的概念、规律和数学推导，仅依靠课堂教学，学生难以完全掌握。因此，教师应在教学过程中有意识地引导学生养成良好的自学习惯，提高自主学习能力，以增强综合素质和终身学习的能力。

学生获取物理知识的重要途径之一是阅读教材，因此提高物理教材的阅读能力是培养自学能力的基础。教师应指导学生掌握科学的阅读方法，使其理解物理教材的结构和逻辑顺序。例如，对于物理概念的引入、定义的形成、物理定律的推导及其适用范围等，都是学生在阅读时需要重点关注的内容。此外，学生还应学会分析物理教材中的图表、插图，并理解它们所承载的信息。例如，在学习力学时，借助受力分析图可以帮助学生更直观地理解力的合成与分解，从而提高对物理知识的理解能力。

除了阅读能力的培养，教师还应鼓励学生进行自主探究学习。例如，在讲解电磁感应定律时，可以布置相关的课外实验或阅读任务，让学生通过查阅资料、分析实验现象等方式深化对物理规律的理解。此外，教师还可以推荐适量的课外阅读材料，如科普书籍、科技杂志或与物理学相关的历史文献，以拓宽学生的视野，增强他们对物理学科的兴趣，使其在探索中提升自主学习的能力。

在现代社会，知识的更新速度极快，单纯依靠课堂教学已无法满足当前对人才培养的需求。因此，培养学生的自学能力，不仅有助于他们在高中阶段更好地掌握物理知识，更能为其未来的学习和工作奠定坚实的基础，使其具备独立思考和终身学习的能力。这一能力的培养，将为学生今后从事科学研究和技术创新提供重要保障，进一步提升其综合素质和社会竞争力。

5. 培养学生的创造能力

所谓创造能力，是高度的思维力、想象力与实干能力的综合，是一种在人的心理活动最高水平上实现的综合能力。心理学的研究成果表明，创造能力是人才结构的重要因素，也是人们在实践中能否驾驭知识、施展才智、有所创新的重要因素，所以要将发展学生的创造能力置于重要位置。

为了培养学生的创造能力，教师要引导学生有目的地去“探索”，鼓励学生随时捕获“偶然发现”，开展小考察、小制作、小发明等创造性活动。

在课堂教学中，要打破一成不变的教学程序，可选择某些经前人探索有了明确结论的知识，设计具有启发性的实验，让学生“经历”一遍发现的过程。这种已知知识的重新发现，其成果虽然不是创造性的，但为获得成果而进行的探索却是创造性的，可为学生今后进行真正独立的发现奠定坚实基础。

第二章 高中物理教学模式与实施

随着教育改革的不断深化，高中物理教学模式的探索与创新已成为提升教学质量的关键。本章通过综述高中物理教学模式，并深入探讨 BOPPPS、主题式及基于 PBL 的混合式教学模式的实施，以期为高中物理教学实践提供新的思路和方法，进而促进学生全面发展，提升物理教学质量。

第一节 高中物理教学模式综述

随着新课程改革的深入推进，高中物理教学模式也在不断地发展和创新。在“自主—合作—探究”的新课程教学理念指导下，物理教学逐渐从传统的知识灌输转向以学生为中心的教学模式，注重培养学生的自主学习能力、合作探究精神以及创新思维。本文结合物理学科与现实生活密切相关的特点，探讨一种以“课堂中学理论—生活中去探究—探究中求深化—深化中求创新”为核心的教育教学模式，旨在激发学生的学习兴趣，提升学生的综合素质。

一、传统教学模式与新型教学模式的对比

传统的高中物理教学模式主要以教师讲授为主，学生被动接受知识，课堂内容往往局限于教材，缺乏与实际生活的联系。这种教学模式虽然能够帮助学生掌握基础知识，但也容易导致学生缺乏学习兴趣，难以将理论知识应用于实际问题的解决中。而新型教学模式则强调学生的主动参与和探究，注重理论与实践相结合。通过“自主—合作—探究”的教学理念，学生不仅能够在课堂中学习理论知识，还能通过生活中的实践来深化理解，进而培养学生的创新思维和解决问题的能力。

二、新型教学模式的内涵

（一）课堂中学理论

在课堂教学中，教师通过精心设计的教学环节，引导学生掌握物理学科的基本概念、原理和规律。教师不再是单纯的知识传授者，而是学生学习的引导者和促进者。通过问题引导、案例分析等方式，激发学生的思考，帮助他们在课堂上构建系统的物理知识体系。

（二）生活中去探究

物理学科与现实生活密切相关，教师应充分利用这一特点，引导学生将课堂上学到的理论知识应用到实际生活中。例如，通过生活中的物理现象（如光的折射、力的作用等）设计探究任务，鼓励学生通过观察、实验、调查等方式，主动发现问题并尝试解决问题。这种生活化的探究活动不仅能够加深学生对知识的理解，还能培养他们的实践能力。

（三）探究中求深化

在探究过程中，学生可能会遇到各种问题和挑战。教师应引导学生通过合作讨论、查阅资料、实验验证等方式，逐步深化对问题的理解。在这一阶段，学生的思维从表面现象逐渐深入问题的本质，形成更加系统的物理认知结构。同时，教师应鼓励学生提出自己的见解和假设，培养他们的批判性思维和创新能力。

（四）深化中求创新

在学生对物理知识有了较为深入的理解后，教师应进一步引导他们将所学知识应用于创新实践中。例如，设计简单的物理实验、制作物理模型、解决生活中的实际问题等。通过创新实践，学生不仅能够巩固所学知识，还能培养他们的创新意识和动手能力，为未来的学习和生活打下坚实的基础。

三、新型教学模式的优势

通过将物理知识与现实生活紧密结合，学生能够感受到物理学科的实用性和趣味性，从而激发他们的学习兴趣和探究欲望。学生在探究过程中能够体验学习的乐趣，逐渐从被动学习转变为主动学习。该教学模式不仅注重知

识的传授，还注重学生能力的培养。通过自主探究、合作学习、创新实践等环节，学生的观察能力、思考能力、合作能力、创新能力等综合素质得到全面提升。

通过理论与实践相结合的教学方式，学生能够更好地理解和掌握物理知识，学习效率和质量显著提高。同时，学生在探究过程中形成的自主学习能力和创新思维，也为他们未来的学习和工作奠定了坚实基础。

第二节　高中物理教学中 BOPPPS 教学模式的实施

BOPPPS 教学模式通过精细划分 40 分钟的课堂时间，将其解构为引入、教学目标设定、前测、参与式学习、后测及总结六个紧密相连的环节，这一结构化的设计旨在提升学生的课堂参与度，并即时收集学习反馈，为后续教学的高效实施奠定坚实基础。与此同时，单元教学设计秉持整体观，系统规划单元内容、进行预评估、明确教学目标、设计教学过程与策略，以及构建评价体系，其核心在于揭示知识间的内在联系，旨在引导学生通过亲身体验与深入探究习得新知，进而自主梳理知识脉络，构建系统的知识结构体系。

BOPPPS 教学模式中的前测环节与单元教学设计的预评估阶段在功能上高度契合，均致力于摸清学生的学习起点。进一步地，参与式学习活动作为 BOPPPS 教学模式的重要组成部分，为单元教学的实施提供了有效路径，通过创设丰富的互动情境，促进学生在实践中深化理解，实现知识的内化[①]。

因此，将 BOPPPS 教学模式应用于单元教学设计不仅具备理论上的可行性，而且在实践层面展现出显著优势。它不仅能够强化学生的系统思维能力，使学生在宏观视角下把握知识间的逻辑关联，还能促进知识的有意义学习，确保学习内容的深度与广度，从而为学生的全面发展提供了有力支撑。

① 李书娟．基于 BOPPPS 教学模式的高中物理单元教学设计与实践研究［D］．南昌：江西师范大学，2024：22-29.

一、基于 BOPPPS 教学模式的单元教学设计的原则

（一）整体性原则

物理学作为一门系统化的知识体系，其内在逻辑性与结构性要求学生必须构建整体化的认知框架，以促进科学思维的发展与核心素养目标的实现。整体性原则在基于 BOPPPS 教学模式的物理单元教学设计中具有显著体现，主要体现在知识内容的整体性、学生自身发展的整体性以及学习过程的整体性三个方面。

在知识内容的整体性方面，该教学模式强调将碎片化的物理知识、规律与定理进行整合，注重前后小节、单元乃至必修与选修内容之间的衔接与融合。这要求教学设计者需精确把握上下级概念与知识之间的逻辑关系，确保教学内容的连贯性与系统性，以帮助学生形成完整的知识网络。

学生自身发展的整体性方面。高中物理知识体系前后联系紧密，学生的学习过程如同构建知识大厦，必修内容作为基石，对于后续学习具有至关重要的支撑作用。因此，教学设计需充分考虑学生的心理特征与学习基础，从整体角度出发，为学生的全面发展提供有力支持。

学习过程的整体性要求教师设计的教学流程必须完整、连贯，包括课前、课中、课后三个紧密相连的阶段，每个阶段都有其特定的学习重点与任务。同时，学生的学习时间也应得到完整保障，以确保他们能够充分投入各个学习环节中，实现知识的有效内化与能力的提升。

（二）核心素养目标导向性原则

在基于 BOPPPS 教学模式的单元教学设计中，核心素养目标导向性原则占据核心地位，它要求教学设计需紧密围绕核心素养的培育展开，确保教学目标与核心素养之间形成高度对应与深度融合。具体而言，这一原则强调教学目标的设定，应明确指向学生物理观念的形成、科学思维的培养、科学态度与责任的树立等核心素养的关键要素，并将这些要素细化为可操作、可评估的教学子目标。

在教学流程的各个环节中，核心素养的培养须得到充分体现。在单元教学目标的引领下，通过精心设计的参与式活动，鼓励学生主动探究，不仅加深学生对物理概念、规律、定理等显性知识的理解与掌握，更在此过程中锻炼其科学思维，提升其问题解决与批判性思考的能力。同时，在总结反思阶

段，教师应引导学生反思学习过程，培养其科学态度与责任感，帮助学生形成正确的价值观与世界观，从而实现显性知识与隐性知识培养的双重目标。

核心素养目标导向性原则要求教师将核心素养的培育视为一个持续、动态的过程，并贯穿整个教学流程，而非仅仅局限于某一特定环节。通过构建连贯、系统的教学设计，确保学生在知识与技能、过程与方法、情感态度与价值观等多个维度上得到全面发展，最终实现核心素养目标的全面达成。

（三）学生主体性原则

在教育的语境中，学生被视为学习的主体，他们具备独立的思维与自我意识，这要求教师在教学过程中扮演引导者与辅助者的角色，而非全面操控学生的学习路径，以免抑制其独立思考能力的发展。基于 BOPPPS 教学模式的单元教学设计，正是基于对学生主体性的深刻认识，才致力于构建一个以学生为中心的学习环境。

学习目标的设定需紧密围绕学生的学情展开，确保目标既符合学生的认知水平，又具有一定的挑战性，以激发学生的求知欲与探索精神。同时，学习内容的编排还应体现出层次性，以满足不同基础与学习能力的学生的需求，促进他们在各自水平上的持续发展。

在学习活动的设计上，BOPPPS 教学模式鼓励多样化与个性化，旨在通过丰富多样的学习方式，如小组合作、项目探究、角色扮演等，吸引不同性格与兴趣的学生积极参与，确保每个学生都能在适合自己的学习路径中进行深度学习，最终实现知识的内化与能力的提升。

教学评价体系的多元化也是体现学生主体性原则的关键一环。它要求教师摒弃单一的分数评价，转而采用包括过程性评价、表现性评价在内的多种评价方式，全面、客观地反映学生的学习成效。在此过程中，鼓励式教学策略的运用尤为重要，它能够使学生在正面的反馈中体验到学习的乐趣与成就感，进而增强其自信心与学习动力，为学生健全人格的发展奠定坚实的基础。

（四）情境性原则

物理学科的本质要求学生能够将理论知识与实际应用情境紧密结合。然而，在当前高中物理教学实践中，学生常难以将所学知识应用于实际情境，导致在解题时难以将问题背景转化为熟悉的物理模型，进而出现理解容易应用难的现象。针对这一难题，基于 BOPPPS 教学模式的单元教学设计应着重强调情境性原则的应用。

在教学设计的引入环节，通过精心创设与学生生活经验或社会现象紧密相关的情境，有效激发学生的学习兴趣，引导他们进入主动学习状态。更为重要的是，在参与式学习阶段，情境性原则的应用更为关键。教师应设计一系列基于真实情境的学习任务，鼓励学生将所学知识应用于解决实际问题，从而深化学生对物理概念的理解，并在此过程中发展科学思维与探究能力。这种将知识与现实生活相结合的教学方式，不仅能够提升学生的问题解决能力，还能够促进他们形成更为完整、系统的物理知识体系。

因此，情境性原则在基于 BOPPPS 教学模式的单元教学设计中占据重要地位，它要求教师不仅要在教学引入时注重情境的创设，更要在整个教学过程中贯穿情境化教学理念。通过多样化的情境学习活动，学生能实现知识与实践的深度融合，进而全面提升科学素养与综合能力。

（五）发展性原则

教学作为一个持续演进的过程，本质特征在于其动态性与发展性。传统单课时教学设计与讲授式教学模式，因缺乏足够的灵活性与适应性，往往限制了教师根据课堂实际情况调整教学节奏与进度的能力，进而可能导致教学活动的僵化与学生学习兴趣的下降，形成教学效率低下的恶性循环。鉴于此，基于 BOPPPS 教学模式的单元教学设计，在实施过程中强调对发展性原则的遵循。

BOPPPS 教学模式鼓励教师在教学实施中密切关注学生的学习状态与反馈，通过前测与后测等评估手段，及时发现并解决教学过程中存在的问题。单元整合型教学的采用，不仅为教师提供了更为充裕的时间与空间来优化教学方案，还促进了教学内容的深度整合与教学流程的灵活调整，从而在确保教学进度的同时，有效提升教学质量。

教学评价环节同样需体现发展性原则。教师应摒弃单一、静态的评价方式，转而构建多元化、动态化的评价体系，以全面、客观地反映学生的学习成效与未来发展潜力。通过设计包含形成性评价、表现性评价等多种类型的评价方式，教师能够更加积极地调动学生的学习热情，以发展的视角审视并促进学生的全面发展。这种评价方式的转变，不仅有助于构建更加开放、包容的教学氛围，还能为学生的个性化成长与终身学习奠定坚实的基础。

二、基于 BOPPS 教学模式的单元教学的实施

（一）分析教学要素

在教学设计的初步阶段，教学要素的分析扮演着至关重要的角色，它为后续教学目标的设定以及教学重难点的确定奠定了坚实的基础。在基于 BOPPPS 教学模式的物理单元教学设计中，教学要素的分析主要包含课标、学情与教材三大分析维度。

1. 课标的分析

课标，作为国家课程管理与评价的根本依据，承载着对学生学习成果的期望与导向，为物理学科的教学规划提供了坚实的框架。它通过对物理学科的模块化划分，详细界定了各章节的教学要求，为教师构建高效的教学流程提供了明确的方向。在这一框架下，教师能够精确把握每章节乃至每课时的核心内容与教学难点，从而充分利用课堂时间，实现教学效益的最大化。

对课标的深入分析是制定基于 BOPPPS 教学模式单元教学目标的前提。教师需要明确课标中对于特定单元内容的具体要求，以及这些要求之间的逻辑关联，这有助于教师在设计教学流程时，能够依据课标的指引，精准定位教学目标，确保教学内容与课标要求高度契合。同时，通过对课标的解读，教师还可以准确识别出单元教学中的重难点。这不仅是优化教学策略、提升教学质量的关键，也是实现学生核心素养发展的重要保障。

2. 学情的分析

学情分析要求教师深刻理解并尊重学生的主体地位，充分认识到学生间存在个体差异。在制定学习目标时，平衡整体教学目标的实现与学生核心素养的发展需求。

评估学生对新知识的预备状态，这包括他们对即将学习内容的了解程度及先前相关知识的掌握情况。鉴于学生所处的学习环境和学习条件各异，他们对知识点的吸收、转化、处理及应用能力都会有所不同，因此教师需要准确判断学生的知识预备水平。

关注学生的情感态度同样重要。学生对待新知识的态度直接影响到其学习动力与效果，教师可通过多种非正式评估手段，如谈话交流、游戏互动等，来洞察学生的心理状态，从而调整教学策略以激发学生的学习热情。

学生的思维发展水平也是学情分析的关键一环。逻辑推理、空间想象、分析归纳、实验探究等能力是学生接受新知识的重要基础，它们决定学生对新知识的接受速度及深度。教师需要评估学生这些思维能力，以便在课堂上灵活调整讲解的广度和深度，确保教学活动与学生的认知水平相匹配。

学生的学习方法和学习习惯也要关注。良好的学习习惯和方法能够显著提升学习效率，因此教师需要对学生的学习习惯进行细致观察，及时纠正不良习惯，并为学生提供有效的学习方法指导，以此促进学生学习效果的最大化。

3. 教材的分析

在教学设计的初步阶段，教师需基于教学内容和学生实际情况，明确界定“教学单元”，此步骤至关重要。随后，深入分析单元内容在物理学整体框架中的位置及其在高中物理课程体系中的价值定位，这同样不可或缺。同时，细致剖析单元内部知识点间的逻辑关联，从宏观的物理体系架构到微观的章节知识点衔接，均需形成清晰而全面的认知。

中小学物理课程内容的划分，通常遵循三种主要路径：①直接采纳教材章节作为教学单元的基础框架，此类划分方式的优势在于，教材前言部分已对知识点的前后关联进行了系统介绍；②围绕核心物理观念或关键知识构建主题式单元，例如，以能量守恒定律为核心，从能量的本质探索、形式分类、转移转化机制、守恒原理及耗散现象等多个维度，精心设计单元教学框架；③依据特定的物理解题方法组织单元，如“临界问题分析法”。该方法在物理解题中广泛应用，涉及诸如两物体恰好分离、绳子绷直临界、光发生全反射等多种临界状态的分析，通过整合高中阶段相关知识点与题型，实施针对性的单元教学策略。

教材作为教学活动的根本依据，同时也是学生获取知识的重要载体，其科学性与系统性不容忽视。教师需全面而深入地把握教材内容，科学整合知识点，合理规划教学流程，清晰勾勒出重难点章节的脉络。在 BOPPPS 教学模式下，单元教学设计目前主要依据教材章节进行单元划分，这一做法既尊重教材的原有结构，又在此基础上寻求传统教学模式的创新与突破，实现了旧中求新的教学目标。通过深入研读教材，精准把握重难点，教师能够更有效地引导学生进行知识构建，从而促进教学质量的全面提升。

（二）进行前测并编制单元学习目标

1. 前测

前测的目的在于通过测试掌握学生的基本情况，包括学生的知识储备现状与认知水平，进而为教师提供精准的教学调整依据，以促进教学效率的提升。作为师生在新课前必要的交流反馈手段，前测在构建有效教学中发挥着奠基性的作用。因此，前测内容的选定需紧密贴合单元教学内容，确保其内容既具有针对性又不过于复杂，以免因耗时过多而挤占后续主体教学环节的时间，进而导致教学流程失衡。

在设计前测内容时，应注重其解答思路的巩固与复习功能，而非刻意追求创新或拔高。选择与新知识点相似的物理模型和解答路径能为新知识的教学提供有效的铺垫，帮助学生实现知识的平滑过渡与深度理解。在基于BOPPPS教学模式的单元教学中，前测通常通过测试卷的形式进行，这些测试卷在单元学习之前发放给学生，包含选择、实验、解答等多种题型，旨在全面检测学生对先前单元学习内容的掌握情况。学生在规定时间内独立完成测试，并提交给教师批阅。教师随后依据测试分数进行详细的分析、评测与纠错，以精准把握学生的学习基础，为后续教学提供有力支撑。通过这一过程，学生不仅强化了对旧知识的复习与巩固，也为新知识的学习奠定了坚实的基础。

2. 编制单元学习的目标

编制单元学习目标不仅为学生的自主学习提供了明确的导向，使他们在未接触到新知识前即能对课堂学习内容有一个初步且整体的认知，还能帮助他们根据自身需求进行有重点的学习。具体而言，单元学习目标应遵循小而具体的原则，侧重于可测量的目标，同时兼顾知识、思维、能力和情感等多个维度，以确保学生的全面发展。

值得注意的是，单元学习目标并非单课时学习目标的简单累加或拼凑，而是应站在更高的层面，综合考虑前后知识的内在联系与整合，以及学生物理素养的整体提升。这意味着，在编制单元学习目标时，教师需要具备全局视野，确保目标既具有前瞻性，又能体现知识的连贯性与系统性。

单元学习目标的达成依赖于单课时的有效教学。因此，在制定单元学习目标后，教师还需进一步将其细分为课时学习目标，以体现BOPPPS教学模式下单元教学的层次性。这一过程中，教师应按照前后课时内容的编排顺序，分步骤落实课时学习目标，最终实现单元学习目标的全面达成。

在实际教学中，教师在开展新知识讲授前，应先将单元学习目标展示给学生，使他们对整个单元的学习任务有一个清晰的认识。随后，在每次课前，再具体展示课时学习目标，实现从整体到局部、从大到小、从系统到具体的逐步引导。这种教学方式不仅体现了以学生为主体的核心理念，还通过循序渐进、步步紧扣的方式，确保了教学流程的连贯性和高效性，为学生的深度学习提供了有力保障。

（三）设置情境与设计教学流程

在构建基于 BOPPPS 教学模式的单元教学流程时，核心在于对单元教学要素的全面分析以及前测结果的充分利用，以此为基础设定明确的单元学习目标。这一流程不仅着眼于整个单元的教学内容，还致力于开发参与式教学情境，精选教学方法与策略，以形成完整的单元教学方案。此教学模式下的单元教学设计需呈现为一个有机整体，但其实现路径需从整体细化至局部，即细化至不同的教学阶段，并将其分配至具体的课时中予以落实。

单元教学流程包含两个层次的展开：一是单元整体流程，它涉及对整个单元教学阶段的划分、重难点的确定、各阶段所需课时的规划以及内容逻辑顺序的设定。这一层次的设计旨在从宏观上把握单元教学的全局，确保教学的连贯性与系统性。二是课时流程，它聚焦每节课的具体教学实施，注重前后课时之间的衔接以及阶段性教学任务的达成，最终实现单元层面的教学目标。

BOPPPS 教学模式的核心在于强调参与式学习，因此在教学设计时必须充分体现学生的主体性，避免简单复制传统教学模式。这就要求教师必须高度重视情境的创设，通过情境激发学生的好奇心与探索欲，帮助他们在学习过程中发现问题、提出问题，并引导他们展开更为深入的研究。如此设计出的单元教学活动实施流程，不仅遵循了科学的教学逻辑，还充分考虑了学生的学习需求与认知特点，为实现高效、有质量的课堂教学提供了有力支撑。

1. 开发教学情境

在教学设计中，开发教学情境是课堂引入与参与式学习环节的关键策略，对于吸引学生的课堂注意力、激发学习兴趣以及促进核心素养的落实具有重要意义。通过精心设计的情境设置，可以在课堂引入阶段迅速将学生思绪聚焦于课堂，为新知识的讲解奠定良好的基础，并自然地过渡到后续教学环节。

这种情境导入不仅能够有效启动学生的学习动机，还能为整堂课的学习营造积极向上的氛围。

在参与式学习环节，情境的创设同样发挥着不可或缺的作用。教师可通过构建符合教学内容的情境，引导学生进行情景模拟，使学生在表演中亲身感受科学的魅力，实现科学性与趣味性的有机结合。这种教学方式不仅避免了传统知识教学的乏味与枯燥，还有效地提升了学生学习物理的兴趣，同时也培养了学生的科学态度与探索精神。

在开发教学情境时，需遵循真实性、生活性、大情境性等原则。真实性原则强调情境应贴近现实生活，确保学生能够将所学知识与实际生活相联系，利用现实经验解决物理问题，实现从生活到物理的跨越。这一步骤对于物理模型的建构与物理思维的培养至关重要，有助于学生在真实情境中深化对物理概念的理解与应用。生活性原则要求情境设置应贴近学生的日常生活，使学生能从中找到共鸣，进而增强亲近感与学习的实用性。大情境性原则则强调在选择情境时，应从单元教学的角度出发，构建单元教学情境，以突出单元教学的重难点，而非局限于单课时的情境设置。这一原则有助于学生在更广阔的情境中把握知识的内在联系，形成系统的知识框架，进而提升综合素养与问题解决能力。通过大情境的构建，学生能够更好地理解知识的应用场景与价值，为未来的学习与生活奠定坚实基础。

2. 参与式单元学习的活动形式

在 BOPPPS 教学模式中，实验探究法、角色扮演法、合作讨论法、游戏互动法及案例分析法作为参与式学习的核心策略，各自承载着其独特的教学价值与功能，共同促进学生深度学习与全面发展。

（1）实验探究法

实验探究法强调学生通过亲手操作实验来探究物理现象的本质与规律。在教师指导下，学生按照既定步骤或自主设计实验方案，进行观察、测量、记录与分析，从而深入理解物理概念与原理。此过程不仅培养学生的动手实践能力和问题解决能力，还激发其探索未知的兴趣与好奇心。实验探究法的实施，有助于构建直观的知识体系，加深学生对物理现象的印象，为后续学习奠定坚实基础。

（2）角色扮演法

角色扮演法是一种通过模拟特定情境或角色，让学生在扮演中学习的教

学方法。在物理教学中，学生可以根据学习内容设计剧本，以情景模拟的方式分组进行角色扮演，如扮演物理学家、实验员等，通过角色扮演深入体会物理探究的过程与乐趣。这种方法既能够活跃课堂气氛，增强学生的参与感与代入感，使学习过程更加生动有趣，也有助于培养学生的科学素养与批判性思维。

（3）合作讨论法

合作讨论法鼓励学生以小组合作的形式，围绕具有难度或辩证性的问题展开讨论。在小组内，学生需分工合作，共同搜集资料、分析问题、提出解决方案，并分享讨论结果。此过程不仅培养了学生的团队协作能力、交流表达能力与逻辑思维能力，还促进了学生之间的思维碰撞与知识共享，有助于其形成多元化的观点与解决方案。合作讨论法的实施，有助于拓宽学生的知识视野，提升其综合素质。

（4）游戏互动法

游戏互动法是将知识点融入游戏中，以比赛、挑战等形式激发学生的学习兴趣与积极性。在物理教学中，教师可以设计富有创意的物理游戏，如物理拼图、物理迷宫等，让学生在游戏中学习物理知识，体验物理现象。游戏互动法能够降低学生对知识的恐惧心理，使其在轻松愉快的氛围中掌握知识，从而提高学习效率。同时，游戏互动还有助于培养学生的竞争意识、合作精神与创新能力。

（5）案例分析法

案例分析法通过选取与教学内容紧密相关的生活实际案例，引导学生结合经验对案例进行剖析解读。在物理教学中，教师可以选择与物理原理、物理现象相关的生活案例，如汽车刹车、秋千运动等，让学生运用所学的知识进行分析与解答。此过程不仅提高了学生分析与解决实际问题的能力，还促进了知识迁移水平的提升，使学生能够更好地将理论知识应用于实践，增强理论与实践的结合。案例分析法的实施，有助于培养学生的创新思维与实践能力，提升其综合素质与竞争力。

3. 设计课堂后测习题

在 BOPPPS 教学模式中，设计课堂后测习题是评估教学成果与学生学习成效的关键步骤，对确保教学质量与促进学生个体发展具有重要意义。后测环节不仅为教师提供了解学生学习状态与教学效果的窗口，使其能够据此调

整教学策略与内容、合理安排教学进度，同时也为学生自我评估与学习方向的确立提供了重要依据。学生可以通过后测清晰认识到自身知识的掌握程度，识别学习中的薄弱点，进而制订针对性的学习计划，实现快速补漏与持续提升。

基于 BOPPPS 教学模式的单元教学后测，细分为课堂后测与单元后测两个层次。课堂后测紧随每课时教学之后，旨在即时检验学生对当堂新知的理解与应用能力，其内容与难度设置需确保既能有效评估学习成效，又不至于过分超出学生能力范围，以免挫伤学生自信心或误导教师对教学效果的判断。单元后测则在整个单元教学任务完成后实施，旨在全面考查学生对该单元知识的综合运用能力，其题量与考点覆盖范围相较于课堂后测更为广泛与深入。

后测习题的形式多样，以适应不同学习内容的评估需求。问答检测法以其简洁高效的特点，常用于检验学生对物理概念、实验操作等基础知识的理解与记忆。习题检测法则通过设计包含选择题、填空题、简答题、应用题等多种题型的题目，既适用于课堂后测的即时反馈，也适用于单元后测的全面评估，其优势在于能够全面深入地考查学生的知识掌握程度与解题能力。问题分析法则侧重于考查学生的思维拓展与问题解决能力，通过呈现实际问题，引导学生运用所学知识提出不同解法。这一形式在新课结束后实施，有助于加深学生对新思维方法与物理模型的理解与应用。

4. 单元总结

单元总结作为单元教学的收尾阶段，不仅是巩固新知、梳理知识脉络的关键环节，也是促进学生认知结构完善与科学思维能力提升的重要途径。在这一阶段，教师扮演引导者的角色，协助学生构建知识体系框架，通过联结新旧知识，增强学生的概括与总结能力。教师在总结时可适当进行知识的延伸与拓展，帮助学生实现知识的系统化与结构化，为后续学习奠定坚实的基础。

在 BOPPPS 教学模式的单元教学设计中，总结环节被细分为课堂小结与单元总结两个层次。在实施总结时，教师可灵活应用多种可视化工具，如思维导图、表格归纳、概念地图等，将抽象的文字知识转化为直观的图形图表，从而使知识脉络更加清晰明了。这一过程不仅有助于梳理知识之间的内在联系，实现知识的归纳与整理，还能使学生在归纳过程中发现自我薄弱环节，从而有针对性地加强学习。同时，这些可视化工具的应用，还能够锻炼学生的科学思维能力，使其掌握科学的分析总结方法，对物理学习的整体推进大有裨益。

小组讨论作为一种参与式的教学任务，也是单元总结中不可或缺的一环。通过交流讨论，学生能够相互了解彼此的学习情况，发现自身不足并借鉴他人优点进行补充与改进。这种互动不仅加深学生的知识记忆，还促进学生发散思维的培养，为构建更加完善的知识体系与提升问题解决能力提供有力支持。

（四）单元教学评价

在 BOPPPS 教学模式的框架下，单元教学评价扮演着至关重要的角色。它不仅是整个教学流程的诊断工具，也是激励与调节教学进程的重要手段，为教师宏观把握教学脉络、及时调整教学策略提供了有力支持。该评价机制涵盖两大方面：形成性评价与总结性评价。

1. 形成性评价

形成性评价侧重于教学过程中的即时反馈，旨在通过多维度、开放性的评价手段，激励学生发展，增强学生的自信心。它关注学生在实际情境下解决问题的能力，特别是问题解决过程中的思维逻辑与方法运用。通过设计多样化的测试情境，拓宽评价视角，促进学生在物理观念的深化与创新能力的培养上取得进步。形成性评价的具体实施形式包括对学生课堂参与度、即时测试成绩、实验报告质量以及学习体验感悟等多方面的综合考量。

2. 总结性评价

总结性评价聚焦于单元学习结束后对学生整体学习成效的全面诊断。它通常采用试卷测试的形式，系统评估学生对单元知识点的掌握程度，并将评估结果反馈给教师，作为教师调整后续教学计划的重要依据。此外，在单元教学收尾阶段，教师还应引导学生绘制概念地图，通过梳理概念间的层级关系，帮助学生构建系统的知识体系。同时，制定概念地图评价量化表，能够对学生的单元学习成果进行客观、量化的评价，进一步巩固教学效果，提升教学质量。

第三节　高中物理教学中主题式教学模式的实施

一、主题式教学模式在高中物理教学的应用原则

（一）典型性原则

主题式教学要求选取的主题清晰而具体，并且要区分主次部分的内容，也就是要有典型性。并非课本中的任意章节都适宜作为主题，而是需要教师审慎斟酌后进行选择，同时要注意结合学生的已有经验和认知规律。

教师在设计主题式教学案例时，所选的学科知识必须具有可整合性，这样有利于学生在学习新知识时，不断完善知识体系。同时，教师还要注意根据现实情况及时调整教学内容，以保证良好的教学效果。

（二）启发性原则

遵循启发性原则是成功开展主题式教学的重要前提。它通过外部学习刺激，促使学生思维方式发生转变，进而启发学生思维，促进学生全面发展。

在开展主题式教学时，教师如果能做到精准把控教学深度，重视学生的已有经验和认知规律，引导学生积极主动地进行知识建构，逐步完善知识体系，这样不仅能够培养学生的科学思维，还可以激发学生学习的热情，形成良性循环，促进学生综合素质的提升。

主题式教学既能课上启发学生思维，又能课后推动学生积极探究，构建知识体系。同时还能促使学生利用已有经验分析解决问题，提高学生的创新意识。

（三）迁移性原则

在开展主题式教学时，必须严格遵循迁移性原则。教师需要按照一定的顺序对教学内容进行编排，精准把握各知识点的突出特点以实现知识迁移，从而增强课堂教学效果。

迁移性原则明确知识点的相关和独立的两个属性，它们是辩证统一的关系。学生在知识迁移时，既要避免思维混乱，又要明确知识之间的联系。如果对主题中包含的学科知识进行分散的学习，那么学生将难以宏观把控知识框架，无法做到举一反三，这对于培养学生的科学思维没有益处。

因此，主题式教学对教师提出了较高要求。教师要合理设置课堂环节，确保知识点过渡自然；把控课堂节奏，使课堂充实高效；同时给予学生适当指导，确保学生学习不偏离主题，从而提高教学效果。

二、主题式教学模式的实施策略

教师选择的教学模式和方法，直接影响师生能否顺利完成教学任务。因此，在开展教学活动前，教师就要对课堂上学生可能遇到的难点、学习态度以及提问类型等未知因素进行预测。并以此作为依据，选取合适的教学模式，并根据教学模式的特征，制定突出教学重点的教学策略。

依据主题式教学模式进行教学设计时，主要遵循六个流程：分析课标，把握课程结构；明确主体，创设问题情境；探究主题，设置问题导向；深入主题，开展互动探究；交流质疑，建构知识体系；课后反思，促进师生提升。

（一）研读课标，把握课程结构

课程标准是指导各学科教学工作的核心依据，其内容与结构直接影响教学实践的方向与效果。以最新版高中物理课程标准为例，该版本以立德树人作为根本任务，深入挖掘物理学科的育人价值，并通过设置学业质量标准，分阶段推进课程目标的达成。新版标准在课程目标、内容体系及评价机制等方面进行了全面优化，特别是在课程目标的表述上，从传统的知识技能导向转变为核心素养导向，进一步凸显了学生综合能力的培养。

新版课程标准在课程结构与内容设计上更加注重学生的全面发展，强调知识学习与能力提升的有机结合。同时，标准对教学评价和考试评价也提出了更为细致的指导，旨在通过科学的评价机制推动课程目标的有效落实。教师通过深入研读新课标，能够系统把握物理课程的性质与目标，清晰理解课程内容的内在逻辑与结构，从而精准定位教学重点与难点，优化教学设计，提升课堂教学的实效性。这一过程不仅有助于教师更好地实现教学目标，也为学生的全面发展提供了坚实的课程保障。

（二）明确主题，构造生活情境

情境教学，作为教师激发学生学习动力、营造积极课堂氛围的有效手段，其核心在于设计与教学主题紧密相关的生活化素材。在学科素养的培育过程

中，问题情境的创设起着至关重要的作用。它是学生体验概念构建、理论创立及方法创新等过程，进而领悟学科核心素养的桥梁。学科知识作为核心素养的基石，其价值的实现并非单纯通过课本知识的灌输，而是依赖于问题情境的巧妙设置，让学生在亲身实践中逐步内化知识。

教师在课堂初始阶段巧妙创设真实教学情境，能够迅速激发学生的好奇心，点燃其内在学习动机，进而提升其课堂参与度，营造积极向上的学习氛围。在此过程中，教师需要综合考虑教学内容、教学活动、教学目标、学生认知水平及核心素养培养等多维度因素，旨在激发学生的探索欲，促进同伴间的自发交流与讨论。

在主题式教学的语境下，情境设定的关键在于确保情境材料与主题的紧密关联性。这不仅能让学生在轻松愉悦的心境下学习，还能促使他们主动调动已有知识经验，以饱满的热情投入课堂活动中。物理学科的情境创设，可广泛取材于生活实例、生产实践、趣味实验及科技前沿等领域。新课标倡导在真实情境中进行学习，但教师需要审慎平衡情境的真实性与学生的接受程度，确保两者和谐统一。

在物理课堂教学中，情境常被用作课堂导入的环节，因此所选情境应具备精炼、特征鲜明且与主题高度相关的特点。例如，在磁感应强度的教学中，可通过多媒体展示工厂起重电磁吸盘搬运钢材的场景，或实验演示磁铁吸引曲别针的现象，以此激发学生的探究兴趣与学习欲望。在自由落体运动的教学中，则可通过播放动画视频，引导学生结合自身生活经验，思考视频中的物理现象是否符合直觉预期，从而深化理解，提升学习效果。

（三）探究主题，强化问题导向

在高中物理主题教学过程中，主题探究无疑是至关重要的环节。除了课前预习与课后作业的巩固外，课堂中的知识吸收也是学生掌握新知的核心途径。因此，教师在组织教学活动时，须精准定位自身“主导者”角色，引导学生如何高效获取知识，并通过自主思考、合作交流及小组探究等多种形式，紧密围绕“问题”这一核心，展开富有成效的教学活动。这一过程旨在全面培养学生的沟通能力、科学思维、探究精神及积极的情感态度，共同营造充满活力与探索欲的学习氛围。

教学活动的推进始终由问题驱动。教学内容与所选主题紧密相连，确保所提问题同样与主题高度契合，避免教学过程中的内容与主题脱节。教师需巧妙设置问题，以问题为引，激发学生的思考潜能。缺乏问题探究的教材知识与理论，显得枯燥无味，难以有效锻炼学生的科学思维。例如，通过引导学生比较自由落体运动与匀变速直线运动规律的共通之处，鼓励学生进行自主探索，深化对知识的理解。

在新课标的指导下，教师应围绕精心挑选的物理主题，设计一系列环环相扣的问题链。这些问题不仅能够引导学生深入思考，还能促使他们通过多种方式展开探究，如实验操作、理论推导、小组讨论等。通过对问题链的巧妙设置，教师能够有效激发学生的探究热情，培养他们的科学探究能力，使物理课堂成为学生主动探索、积极构建的场所，真正实现知识的内化与能力的提升。

（四）深化主题，开展互动探究

教学互动，作为课堂教学不可或缺的组成部分，其重要性不言而喻。主题式教学，作为一种旨在促进学生探究学习的教学模式，其根基便在于各类主题活动的精心设计与实施，而师生之间的互动正是这些活动得以顺利开展的关键所在。

在构建主题式教学的课堂互动时，其首要原则便是确保师生关系的平等性。这意味着，无论教师还是学生，在教学活动中均不应因其角色差异而产生尊卑之分。相反，师生应在平等、和谐的氛围中展开合作与交流，这样的互动不仅能增强学生的自信心，还能激发他们的学习积极性，进而提升整体学习效果。更重要的是，培养学生的物理核心素养，需要在师生地位平等的基础上实现。

教师在教学活动中的角色转换，无疑能进一步拉近师生间的距离，使得教学互动更加自然流畅，同时也能加深学生对物理学科的喜爱，进一步提升他们的学习效果。在主题式教学中，互动应兼具开放性和自主性。由于主题式教学以选定主题为核心，整合与之相关的多样内容，这些内容可能跨越不同章节，甚至不同学科，因此其教学内容呈现丰富多样的特点。这就要求学生在教学活动开展前需要做好充分的准备，并在活动中灵活调动所准备的材料。由此可见，主题式教学中的互动必须具备以学生为主体、注重开放的特点。当然，我们也不能忽视教学是师生间的双边活动，学生的学习离不开与教师的沟通交流，教师的适时指导是学生学习过程中不可或缺的一环。

在主题式教学的实践中，教师应紧扣主题方向，对学生进行有针对性的

引导，启发他们逐步构建完整的知识体系，从而深化对所选主题的理解。此外，教学中不仅包含师生间的双边活动，还涉及学生之间的互动交流。在物理主题式教学课堂上，学生围绕教师选定的主题，通过合作探究的方式完成主题任务。这一过程不仅能加深对主题的理解，还能有效提升学生的科学思维和探究能力。

（五）交流质疑，构建知识体系

在高中物理主题教学的实施过程中，教师需时刻关注小组任务的推进情况，敏锐捕捉学生在任务执行过程中遇到的问题，并及时给予恰当指导。小组成员在明确各自任务后，应进行细致的任务分工，包括记录、整理资料、发言等，确保每个环节都有专人负责。各小组成员在履行自身职责的同时，还需积极分享资料、展开讨论，携手完成小组任务。这一过程中，教师需坚定秉持以学生为主体的教学理念，同时扮演好课堂主导者和学生学习引路人的角色。

学生思维的活跃度，往往通过他们所提出的问题得以彰显。因此，教师应鼓励学生勇于发现问题、大胆提出问题，以此激发学生的求知欲，促使小组成员以分工合作的方式，积极探寻问题的答案。在小组内部，学生间相互展示个人见解与成果，并围绕已有经验展开交流质疑，这种思想上的碰撞与交融，对于提升学生的学习能力和表达能力至关重要。

物理课堂临近尾声时，教师需进行课堂总结。总结可从小组合作效率、课堂具体表现、知识掌握程度等多个维度展开，全面深入地评价学生的学习情况。例如，教师可引导学生利用固定时间完善学习表格，细致的评价帮助学生清晰认知自身学习状况。同时，以条理清晰、逻辑严密的表格为基础，进一步锻炼学生的整体思维，增强其逻辑性，为学生构建完善的物理知识体系奠定坚实的基础。

（六）课后反思，提升师生能力

物理主题式教学结束后，教师需精心布置课后作业与任务，其中要求学生补充思维导图，这一举措能够直观反映学生对课堂知识的吸收与整合能力，为教师后续教学提供重要参考。在实施主题式教学模式的过程中，课堂难免会出现一些零散问题，对此教师应具备良好的课堂掌控力，灵活调整教学节奏，不断优化教学方式，以期提高教学效率。

基于设计的教学案例，教师应深入剖析教学目标是否顺利达成，全面总结教学任务的完成情况，并且客观评价教学方法的应用效果，细致反思教学环节的合理性，以及教学资源的使用是否达到预期目标。同时，教师还需要主动与学生沟通交流，积极收集学生的反馈意见，以此作为评判教学效果的重要依据，进而判断当前教学是否满足培育学生核心素养的要求。通过深刻反思高中物理主题教学中的不足之处，教师应针对性地提出改进措施，以期在未来的教学实践中，更好地激发学生的主动性，全面提升教学效果，从而实现师生能力的共同成长与进步。

第四节　高中物理教学中基于 PBL 的混合式教学模式的实施

一、基于 PBL 的混合式教学模式的设计原则

（一）师生双主原则

混合式教学的独特之处在于其线上学习阶段，教师与学生之间在时间与空间上完全异步。这一特性对如何有效利用教师的主导性，同时引导学生发挥主观能动性提出了更高要求。在线上教学活动的设计环节，教师应当精心规划教学任务与教学互动，采用学习任务清单这一有效策略，使学生通过完成一系列小任务点的形式，逐步推进线上学习进程。这种方式不仅能够有效防止学生在缺乏监督的线上环境中注意力分散，还能使学生在完成学习任务后，通过回顾任务清单，系统地总结线上学习内容，以此加深对知识的理解与记忆。

至于线下教学部分，教师同样需要摒弃传统的“满堂灌”教学模式，转而将课堂的主导权交还给学生。为此，教师应积极组织小组活动，鼓励学生之间开展同伴学习，通过小组合作的方式，促进学生自主思考，并借助团队的力量共同解决学习难题。在这一过程中，教师需要充分发挥其引导与协调作用，确保小组活动能够有序、高效地进行，从而真正实现学生主体地位与教师主导作用的有机结合，进一步提升混合式教学的整体效果。

（二）适度性原则

在运用 PBL 教学法与混合式教学模式时，适度性原则显得尤为重要。具体而言，这一原则要求教师在设计 PBL 教学时，精准把握问题难度与频率的适度性。问题的设计并非旨在挑战学生的极限，而是让学生在解决问题的过程中，于知识获取与应用中体验成功的喜悦。因此，在设计问题时，教师必须全面考虑学生的实际情况，这包括学生的既有知识水平、生活经验以及潜在的学习能力、问题解决能力和探究能力等。即便 PBL 教学以问题为核心，问题的数量与提出频率也需适度控制，以避免学生长时间处于高度紧张的思考状态，同时确保教学重点的突出。在教学设计中，应巧妙结合提问与教师讲述，以维持学生的学习动力与注意力。

在混合式教学的应用中，同样需要遵循适度性原则，结合物理学科的特性和教学目标，合理融合线上与线下教学。教师应避免盲目追求混合而混合的行为，应基于实际教学条件、学生特点以及教学需求，适时开展混合式教学，丰富日常教学形式，以最大化混合式教学的优势。在处理线上教学内容时，教师应以课程要求为基准，将现代教育技术融入物理教学之中，确保所使用的现代教育技术能够服务于教学内容，实现针对性地应用，避免滥用或误用。此外，混合式教学模式与传统的线下学习模式应适当结合，考虑到学生日常学习任务的繁重性以及部分学生在线上学习方面可能遇到的困难，建议采用不定期开展混合式教学模式的方式，以平衡学生的学习负担与教学效果。总之，在采用混合式教学模式时，应避免盲目混合，选择适合混合的教学内容，以实现教学效果的最大化。

（三）差异化原则

在信息化时代背景下，随着社会环境的多元化发展，学生在不同成长环境中形成的兴趣与性格差异日益显著，对新鲜事物表现出浓厚兴趣成为当代青少年的普遍特征。这一趋势要求课堂教学内容与形式必须紧跟时代步伐，不断创新以适应学生需求的变化。然而，传统线下教学模式在面对全体学生时往往难以有效实施差异化教学策略，特别是班级内部学生间存在的知识接受能力与兴趣差异，导致“优生吃不饱，后进生听不懂”的现象屡见不鲜。受限于课堂时间，传统教学难以在有限时间内充分满足不同层次学生的个性化学习需求；而在课后，教师精力有限，也难以对每个学生进行针对性的辅导。

线上学习平台为差异化教学提供了新的解决路径。在线上学习环境中，教师可以通过对学习资源进行分层与分类，构建一个清晰、有序的学习资源库。学生根据自身的学习需求与兴趣，能够直观、便捷地选择适合自己的学习内容进行深入学习或查漏补缺。这种基于学生个体差异的学习资源匹配方式，不仅有助于提升学习效率，还能激发学生的学习兴趣，促进学生在各自的学习水平上实现有效提升。因此，在信息化教学日益普及的今天，充分利用线上学习平台的优势，并结合线下教学的互补性，实现差异化教学的精准实施已成为提升教学质量与学生学习成效的重要途径。

二、基于 PBL 的混合式教学的高中物理教学模式建构与实施

（一）基于 PBL 的混合式教学的前端分析

前端分析是教学设计的关键环节，其涉及对学生、教学内容、教学环境以及教学目标的全面剖析。通过对这四个方面进行深入分析，能够形成一份详尽的报告，从而为后续教学设计提供明确的指导方向，确保教学活动的科学性和有效性[①]。

1. 对学生的分析

在对学生进行分析时，必须充分认识到，学生作为学习活动的核心主体，其知识基础、能力水平、兴趣倾向、年龄特点以及学习的主观能动性等多方面因素存在差异性，这些差异会对教学效果产生显著影响。因此，在教学设计之前，深入了解学生的初始状态至关重要。对于高一年级的学生而言，经过一个学期的物理学习，他们已经具备了良好的学习习惯，掌握了基本的问题解决方法，并且拥有扎实的数学知识基础，同时科学思维能力也得到了一定的提升。选科后选择物理方向的学生通常具有明确的学习目标和积极向上的学习态度，他们正处于对新事物充满兴趣的阶段，对物理学习的热情高涨。然而，处于这一年龄段的青少年往往会对课堂发言存在抗拒心理，因此如何构建融洽的师生关系，鼓励学生积极参与课堂互动，成为课堂活动设计必须考虑的重要因素。

不同学习基础和学习能力的学生在学习节奏、学习习惯以及课堂学习需

---

① 秦敏慧．基于 PBL 的混合式教学模式在高中物理教学中的应用 [D]．南昌：江西师范大学，2024：33-46.

求方面存在显著差异。传统的线下教学课堂难以满足全体学生的需求，可以通过线上教学视频的方式进行有效补充。线上课程内容应根据教师与学生的日常交流以及线下教学的观察结果进行动态调整。对于基础薄弱、难以跟上教学节奏的学生，课后知识复习以及基础练习讲解是巩固知识的有效手段；对于基础良好、能够紧跟课堂节奏的学生，则可以通过课后拓展知识和进阶练习题进行能力提升。在日常教学中，教师可以通过观察学生的反馈情况，及时更新课后学习视频。例如，对于学生难以理解的重点问题，可以在线上进行再次讲解，以加深学生的记忆；同时，结合生活生产实际和前沿科技制作拓展视频，培养学生的问题解决能力和物理科学素养。鉴于学生的学习精力和课余时间有限，无论是课前还是课后视频的制作都应遵循短小精悍的原则，同时所选取的讲解内容应符合学生的最近发展区，并对内容进行合理区分，以确保学生能够高效且充满兴趣地完成课后学习任务。

2. 对教学内容的分析

教师需全面审视课程目标、教材以及教学参考用书，以此对教学内容的整体架构、各部分的地位与价值以及知识之间的逻辑关系形成清晰的认知。由于高中物理教学的课时安排以及师生的精力有限，使得混合式教学模式在日常教学中的应用存在一定的局限性，难以在每一堂课中全面实施。因此，教师需精心筛选适合开展基于 PBL 混合式教学的教学内容，通过系统整理高中物理必修部分的教学内容，可为教师提供明确的参考依据。

在确定教学主题后，教师需对教材及相关教学参考用书进行深入研读。通过细致分析教材，教师能够充分理解教材的详细内容与编排意图，从而确保教学设计的科学性与完整性。《全日制义务教育学科课程标准》作为教师教学的核心指导文件，为确立教学目标提供了明确的依据；而教师参考用书则基于教材与课程标准，为教师实施教学提供了全面的辅助。其中，不仅包含对教材的深入解读与分析，还为教师提供了课时安排建议、教学方法指导以及拓展性教学材料，这有助于拓宽教师的教学视野。教师将课程标准、教材以及教师参考用书作为剖析教学内容的关键资料，能够清晰地确立教学目标，准确把握教学的重点与难点，进而确保教学设计的严密性与科学性，为提升教学质量奠定坚实基础。

3. 对教学环境的分析

混合式教学环境涵盖了线上与线下两个重要部分，良好的学习环境构建对于激发学生的主观能动性以及促进学生对知识的有意义构建至关重要。与传统教学模式不同，PBL 教学法强调以解决问题为核心开展教学活动，让学生在解决实际问题的过程中提升知识与能力。因此，构建优质的问题情境，以及良好的合作教学环境成为实施混合式教学的基础条件。

在构建线下混合式教学环境方面，完备的基础设施以及信息化教学氛围是不可或缺的要素。当前，各班级已普遍配备希沃一体机，教师办公室也配备办公电脑，这为线下教学提供了坚实的硬件支持。随着教学信息化工作的不断推进，利用线上教学资源制作课件并运用音频、课件、仿真软件等多种辅助教学工具已成为现代教师的必备技能。师生信息化素养的不断提升，为线下课堂实施混合式教学提供了必要条件。教学信息化为物理教学带来的显著益处之一是构建物理问题情境变得更加便捷。教师能够借助网络资源，结合实际教学需求，通过一体机带领学生从物理课堂穿越至所需的物理情境中，从而增强教学的直观性和生动性。此外，班级采用学习小组的形式管理，为课堂中学生的互动合作交流提供了便利条件，有助于培养学生的团队协作能力和沟通能力。

线上学习环境的搭建则得益于线上学习方式的普及。学生在不便线下学习时，通过腾讯会议、企业微信等工具进行线上直播学习，这使得线上学习必备的平板、手机、电脑等硬件设施在学生群体中配备齐全。除硬件设施外，线上学习的观念也已在学生和家长群体中深入人心。高中学生的成长过程中伴随着智能手机的广泛使用以及互联网短视频的迅速发展，因此他们对网络的使用方式与以往学生有所不同。利用互联网进行学习已成为学生和家长在学习观念上的重要进步，同时也为线上学习环境的构建提供了良好的社会基础。

4. 对教学目标的分析

在教学实践活动中，教学目标的设定是教学活动的预期导向，其详尽地描绘了学生在学习结束后应达成的状态及其内在变化。基于 PBL 的混合式教学模式，通过融合线上与线下学习生态，为学生提供了更为广阔和灵活的知识获取渠道。相较传统的课堂教学，学生不再局限于短暂的课堂时间内接受知识，而是能够根据线下学习的反馈与需求，有针对性地选择线上资源进行深入探索。这一模式下的学习方式亦发生了根本性转变，从单一的“听课”模式扩展至包括小组合作、独立思考、师生互动等多种策略在内的综合学习模式。

教学目标的精准设定对于指导教学活动的设计起着至关重要的作用，它既是整个教学活动的逻辑起点，也隐含着教学活动所期望达成的最终愿景。因此，在从传统教育模式向基于 PBL 的混合式教学模式转型的过程中，教学目标的制定需兼顾原有的教育目标体系，并在此基础上进行适应性调整与优化，以确保其能够充分契合新时代背景下对学生综合素质培养的新要求。这一调整过程不仅要求目标设定更加细致，还需注重培养学生的创新能力、批判性思维以及自主学习能力，从而促进学生的全面发展，满足社会对未来人才的需求。

（二）基于 PBL 的混合式教学的活动资源设计

在前端分析工作完成后，教师依据基于 PBL 的混合式教学模式需求，已确定教学内容，并对学生概况及教学环境有了深入的理解，形成详尽的分析报告。在此基础上，教学活动与资源设计成为实施该模式的核心环节，其设计质量直接关影响续教学实践的成效。

1. 教学资源的选择与利用

教学资源的选择与利用在这一环节中占据举足轻重的地位。PBL 混合式教学模式的一大显著特点是充分利用现代教学手段。传统教学模式中，教师的讲授内容大多局限于教材、教辅资料及物理实验所需教具或视频，而当前网络教学资源日益丰富，为教学带来了更多可能性。物理教师们开始广泛采用线上教学资源，如动画、视频、游戏等，以丰富物理课堂，使之更加生动。在新课讲授中，视频和图片资源尤为常用，这些资源可能源自新闻、电影、电视剧等，教师会精心挑选与物理紧密相关的片段，用以构建问题情境，进而有效导入教学内容。在练习课中，动画则成为将抽象物理模型直观化的重要工具，助力学生深化理解与应用物理模型。

面对海量的线上教学资源，教师需具备较高的甄选能力，确保所选资源既具有吸引力，能激发学生的探索兴趣，又美观直观，能够准确呈现物理现象的核心问题。为达到最佳教学效果，教师还可以对所选线上学习资源进行二次创作，使其更贴合教学内容，进一步提升教学的针对性和有效性。

2. 问题的设计

在 PBL 理论指导下的混合式教学中，问题情境的构建与问题串的设计是区别于传统混合式教学的关键特征。这一模式强调学生通过逐一攻克子问题，逐步累积知识并提升能力，最终解决课程的核心问题，实现知识与能力的双重提升。

问题的选择需紧密关联学生的日常生活与社会科技发展，实现物理学科、社会现象、生活情境三者之间的有效联结。在新高考背景下，学生面对情境化问题常感棘手，这类问题往往以长篇叙述的科学或生产技术为背景，要求学生历经信息筛选、知识联结、问题解决三重挑战。传统刷题或物理模型应用的方法在此情境下力不从心，这就要求教师在日常教学中注重传授问题解决策略，着力培养学生解决问题的能力。

问题难度的设计需体现梯度性，与学生的最近发展区相契合。建构主义学习理论指出，学生对过于简单或过于复杂的任务往往缺乏兴趣，而对那些虽具挑战性但仍在能力范围内的任务则充满动力。鉴于学生间存在个体差异，其最近发展区亦有所不同，因此教师设计的问题应具有层次性，确保基础问题全体学生都能解决，中等难度问题部分学生可以攻克，而高难度问题则需通过师生协作共同解决。在设计线上任务清单时，教师可设置选做任务，鼓励学生根据自身能力水平选择性完成。

设计问题与物理知识间的关系需妥善处理。一方面，问题应蕴含核心知识，因为学生在探究和解决物理问题的过程中，必须依托已有知识经验。因此，设计问题时应考虑学生能否运用已学知识解决新问题，以避免学生因缺乏解题依据而盲目猜测或机械试错，从而影响学习经验的积累和学习积极性的提升。另一方面，处理问题间的逻辑关系时需要关注知识的内在逻辑，确保学生在课后能够构建完整且系统的知识体系。

3. 教学活动的设计

教学活动设计作为教学实施的蓝图，是实现既定教学目标的策略性规划。为了促进学生的知识自主建构，教学活动设计需要强化师生互动与生生互动，确保学生能够积极主动地参与到教学过程中。在此框架下，教学活动被时序性地划分为课前线上预习任务设计、线下教学活动设计、课后线上学习活动设计三大环节，每一环节均承载着特定的教学设计意图。

（1）课前线上预习任务设计

在课前线上预习阶段，混合式教学模式摒弃了传统预习的模糊性，采用结构化的线上预习任务。传统预习往往因任务指向不明而导致学生缺乏明确的预习方向；而线上预习则旨在使学生对本节课的核心内容形成初步认知，为后续线下学习奠定坚实的基础。为此，教师精心设计的教学视频成为线下

学习的重要辅助工具，其内容涵盖基础概念、知识回顾及启发性思考题，旨在激发学生的学习兴趣与探索欲望。

为提升预习的针对性和有效性，学生需基于视频材料完成任务清单上的系列问题。这些问题被精心分为三个层次：①验证性简单问题，旨在检验学生观看视频的认真程度，答案可直接从视频中获取；②引导性思考问题，鼓励学生独立进行深入思考；③挑战性探究问题，需要学生综合运用查阅资料、小组讨论及线下学习等手段方能解决。在此过程中，教师的角色转变为监督者与引导者，他们既要监控学生的预习进度与完成情况，以便灵活调整线下教学方案，又要在学生讨论时为其提供必要的引导与解答，确保预习活动顺利进行与预习效果最大化。

（2）线下教学活动设计

线下教学活动设计是教学实施过程中的关键环节，其核心价值在于其提供面对面交流互动的平台，使教师与学生、学生与学生之间能够即时反馈与深度沟通。这一模式不仅便于教师观察学生的实时表现，精准评估其学习状态与效果，为后续评价提供实证基础，还彰显了线下教学相较于线上教学的不可替代性。在完成预习任务后，学生带着问题进入线下课堂，进一步探究学习，从而深化物理知识的理解与应用。

线下教学依然秉承问题导向原则，通过构建贴近学生生活或真实体验的问题情境，激发学生的学习动机与兴趣。随后，课堂教学围绕核心问题展开，融合思考、讨论、实验等多种探究手段，层层递进，旨在解决问题的同时，培养学生的物理观念、科学思维与科学探究能力。鉴于线上预习已初步达成低层次教学目标，为线下教学迈向更高阶目标创造了条件，因此，在设计线下教学问题时，可适当提升难度，进一步激发学生解决问题动力。

基于 PBL 的混合式教学模式强调学生的主体性，故在教学活动设计时，应尽可能增加学生活动的占比，鼓励学生积极思考、勇于表达，以此促进知识的自主建构。在此过程中，教师需要注意两方面：一是提出问题后，应给予学生充分的思考时间与语言组织空间，对学生的回答持肯定态度，理解并及时解答学生的疑惑与错误，以激发学生的表达欲望；二是合理安排小组合作，旨在通过思想碰撞形成共识，选出最具代表性与合理性的观点。鉴于时间限制，教师需精心规划小组合作次数与议题，在讨论过程中，教师应密切关注各小组的讨论进展，适时引导与解惑。

问题探究结束后，教师应引领学生回顾本节课的探究历程，将所学物理知识串联成体系，以深化理解。通过总结知识脉络与问题解决路径，教师可进一步提出新问题，鼓励学生运用已掌握的方法与知识解决新问题，以此巩固学习成果，促进知识的迁移与应用。

（3）课后线上学习活动设计

课后线上学习活动设计是教学延伸与深化的重要环节，其旨在弥补传统讲授式教学中学生与教师交流机会有限的不足，尤其针对学习能力差异显著的学生群体，实现差异化教学。在这一框架下，教师可根据课堂学习实际情况，精心制作线上学习视频，涵盖课堂概念复习、进阶练习、课后拓展三大类别，以满足不同层次学生的学习需求。

这些视频资源不仅能够有效解决大部分学生在线下课堂中遗留的问题，还能通过群交流或弹幕评论等互动形式，为学生提供即时反馈与问题解决渠道。鉴于第三方平台（如 B 站）在实时学习记录方面的局限性，教师可将制作好的视频上传至 B 站后，再转发至 QQ 群，并附上详细的任务清单，要求学生以拍照形式完成打卡任务。这一举措对于自主学习能力较弱的学生而言，具有强制培养作用，有助于其逐步建立学生课后自主学习的习惯与规划能力。

与课堂时间的瞬时性相比，视频与评论的持久留存特性相较赋予了学生更大的学习自由度与灵活性。学生可根据个人需求，随时随地重复观看视频内容，深化理解，巩固学习成果。为了进一步提升学习体验与激发学习兴趣，教师还可充分利用 B 站的特色功能，如视频进度条调节、弹幕互动等，使学习内容更加生动有趣，从而增强学习的参与感与互动性。

（三）基于 PBL 的混合式教学的实施流程

在基于 PBL 的混合式教学模式中，教学实施流程被系统化地划分为多个环节，以确保教学目标的达成和学生学习效果的提升。教师在教学准备阶段需根据学生的个体差异，如学习兴趣、性格特征、学业水平及能力倾向进行科学分组，促进小组内部的协作与互补。同时，教师通过创建线上学习平台（如 B 站账号和 QQ 群）并发布学习指南，为学生提供明确的学习路径和资源支持。学生在课代表的组织下形成学习小组，推选组长，并完成线上平台的加入与学习材料的初步阅读，为后续学习奠定基础。

在教学内容的安排上，教师需结合教学进度与学生的时间安排，合理规划预习、线下教学及课后巩固的时间节点。预习任务通常提前一周发布，让学生有充足的时间进行自主学习；线下教学则安排在周末，便于集中讨论与

实践；课后巩固任务则在线下教学后一周内完成，以强化知识的内化与迁移。对于无法使用线上设备的学生，教师通过班级设备提供集体学习机会，确保学习资源的公平获取。

在线上预习环节，教师通过发布预习视频与任务清单，引导学生进行自主学习。学生在观看视频时需要记录学习收获、思考过程及未解疑问，并通过打卡机制反馈学习进展；教师则通过观察学生的线上互动，适时介入并提供指导，促进学生深度思考，提高问题解决能力。线下教学环节则基于线上预习的成果，设计更高阶的问题情境，引导学生通过小组讨论、师生互动及实验探究等方式解决问题。教师在此过程中需要注重知识点的串联与逻辑关系的梳理，帮助学生构建完整的知识体系。

课后巩固环节旨在通过复习视频与专题练习，帮助学生巩固课堂所学，解决学习中存在的问题，攻克薄弱环节。学生可根据自身需求选择合适的学习资源，并通过打卡机制反馈学习情况。最后，教师通过过程性评价，综合考查学生的课后练习完成情况、任务打卡频次、线上交流参与度及小组讨论贡献度，全面评估学生的学习效果，并为后续教学调整提供依据。这一流程的设计与实施，体现了混合式教学模式在促进学生自主学习、协作学习及深度学习方面的优势，同时也为教师提供了更为灵活和高效的教学工具。

第三章　高中物理教学中的课题研究

随着科技发展和社会进步，对物理人才的需求日益增长，课题研究作为培养学生创新思维和实践能力的重要途径，显得尤为重要。本章旨在明确高中物理教学课题研究的目标，探讨有效的实施策略，以期通过课题研究促进物理教学的深化与拓展，为培养高素质的物理人才奠定基础。

第一节　高中物理教学课题研究的必要性

物理课题研究是指在物理学科中开展的，以学生自主研究物理学习中的问题或与物理有关的技术、自然、社会和生活中的问题为主的一种研究性学习方式。高中物理课题研究符合教学大纲的要求，也符合物理学科的培养目标。物理课题研究注重培养学生的创新精神和实践能力，评价不仅强调结果，还强调过程[①]。

一、弥补传统教学模式的局限性

传统教学模式在很长一段时间内都是教育领域的主流方式，它侧重于知识的灌输和应试技巧的训练，将大量的时间和精力投入到学生对物理概念和公式的记忆与应用上。然而，这种过分强调记忆和应试的教学模式，往往忽视了学生解决实际问题能力的培养和创新能力的发展。在现代社会，对多元化、创新型人才的需求日益增长，而传统教学模式难以满足这种需求，因为它缺乏对学生思维能力和实践能力的培养，也导致学生的学习兴趣和潜能难以得到充分的激发。

课题研究作为一种新兴的教学方式，以项目、主题或问题为载体，通过一系列探究性学习活动，引导学生主动思考、积极实践。在课题研究过程中，

① 王亚新．高中物理教学中渗透课题研究的实践与思考 [D]．石家庄：河北师范大学，2006：23.

学生不再是被动地接受知识，而是主动地探索、发现和解决问题。这种教学方式注重培养学生的科学思维和创新能力，让他们学会如何运用所学知识去分析和解决实际问题，从而有效弥补传统教学模式的局限性。通过课题研究，学生不仅能够掌握更多的知识和技能，还能够培养自己的思维能力和实践能力，从而为未来的学习和工作打下坚实的基础。

二、促进物理知识与实际生活的结合

物理学科是一门研究自然现象和规律的学科，其知识和方法在日常生活和科技发展中有着广泛的应用。然而，在传统的物理教学中，往往过于注重理论知识的讲解和公式的推导，而忽视了物理知识与实际生活的联系。这使得学生很难将所学的物理知识应用到实际生活中，同时也难以让学生认识到物理学的实用价值。

课题研究则有效地促进了物理知识与实际生活的结合。它鼓励学生从具体的生活现象或实际问题出发，运用所学的物理知识进行分析和解决。例如，学生可以通过观察家中的电器设备，探究其工作原理；或者通过设计实验、进行数值模拟，深入探究某一物理现象的本质和规律。这种学习方式不仅增强了学生的实践能力，还让他们深刻地认识到物理学的实用价值，进一步激发了他们的学习兴趣。通过课题研究，学生能够更加深入地理解物理知识和方法，也能够更好地将所学知识应用到实际生活中，实现理论与实践相结合。

三、培养团队合作和自主学习能力

在课题研究过程中，学生被组织成小组，共同参与讨论、设计和实验等各个环节。这种合作式的学习方式为学生提供了相互学习、相互交流的平台，不仅极大地锻炼了学生的沟通与协作能力，还使他们在团队合作中学会尊重他人意见、协调不同观点，从而达成共识。同时，课题研究过程中的问题探讨和解决方案设计，还要求学生运用批判性思维去审视问题，从多个角度进行分析和思考，这有效地培养了他们的批判性思维和解决问题能力。

课题研究强调学生的自主性。在课题选择阶段，学生可以根据自己的兴趣和爱好，结合所学知识，自主选择研究方向和课题题目。在研究过程中，学生在教师的指导下，独立完成资料搜集、实验设计、数据分析和报告撰写等任务。这种以学生为中心的学习方式，极大地激发了学生的学习积极性和主动性，有助于培养他们的自主学习能力和创新精神。通过这些实践锻炼，学生不仅掌握了知识和技能，还学会了如何自主学习、如何面对挑战和困难，为他们的未来发展奠定了坚实的基础。

四、符合国际教育发展趋势

随着全球教育的不断改革和深入，项目式学习、探究式学习等先进的教学模式逐渐崭露头角，成为国际教育的主流趋势。这些教学模式强调学生的主体地位，注重培养学生的实践能力和创新精神，与传统的填鸭式教学形成鲜明对比。高中物理课题研究正是这些先进教学理念的具体实践和应用。

在项目式对分课堂中，学生被赋予更多的自主学习和探究的空间。在前半段时间里，学生可以自主地选择研究课题、制订研究计划、进行初步的探究和讨论。这种自主探究的学习方式，不仅锻炼了学生的独立思考和问题解决能力，还培养了他们的学习兴趣和动力；而后半段时间，教师则根据学生的研究进展和遇到的问题，进行针对性的指导和辅导。这种教学模式既充分尊重了学生的主体地位，又充分发挥了教师的引导作用，实现了教与学的有机结合。

第二节　高中物理教学课题研究的目标

在高中物理教学中，课题研究不仅仅是一种教学手段，更是一种培养学生综合能力的重要途径。通过课题研究，学生能够在实践中体验科学探究的过程，培养解决问题的能力，形成科学的态度和思维，提升科研素养和创造力，激活各学科知识的综合运用。以下是高中物理教学课题研究目标的详细阐述。

一、获得参与研究的体验

在高中物理教学中，课题研究为学生提供了一个亲身参与科学探究的机会，与传统的课堂教学不同，课题研究强调学生的主动参与和亲身体验。学生在研究过程中，需要自己提出问题、设计实验、收集数据、分析结果并得出结论。这种全过程的参与，使学生能够深入理解物理概念和规律，而不仅仅停留在理论知识的记忆层面。

研究过程中的体验对学生的影响是深远的。虽然研究结果带来的成就感可能会随着时间的流逝而逐渐淡化，但在实验过程中培养的科学探究素养，

如严谨的态度、实事求是的精神、合作意识和创新思维等，却会贯穿学生的整个物理学习过程，甚至影响到他们未来的学习和生活。例如，在研究“影响导体电阻大小的因素”课题时，学生需要自己设计实验、选择器材、进行实验操作，并在实验过程中不断调整和改进实验方案。这种亲身体验不仅加深了学生对电阻概念的理解，还培养了他们的动手能力和解决问题的能力。

积极的探索体验会给学生的物理学习带来积极影响。当学生在课题研究中取得成功时，他们会感受到学习物理的乐趣和成就感，从而激发他们对物理学科的热爱和兴趣。这种积极的情感体验会促使学生更加主动地参与物理学习，从而形成良性循环。

二、培养解决问题的意识与能力

课题研究的过程是学生独立探索和解决问题的过程。在研究过程中，学生难免会遇到各种问题和困难，如实验设计不合理、实验数据不准确、实验现象与预期不符等。这些问题的出现是不可避免的，但正是这些问题的存在为学生提供了锻炼解决问题能力的机会。

在课题研究中，教师的角色更多的是引导者和辅助者，而不是直接提供答案的人。学生必须通过自己的努力，运用所学的知识和技能，独立完成课题研究。例如，在研究“平抛运动的规律”时，学生可能会发现实验装置的安装存在误差，从而导致实验数据不准确。此时，学生需要自己分析问题的原因，并采取相应的措施进行调整和改进。通过这一过程，学生独立解决问题的意识和能力得到了培养。

三、培养科学态度和科学思维

科学的态度和思维是进行科学研究的基础，也是现代公民必备的素质。在高中物理教学课题研究中，学生能够充分体验科学探究的过程，从而培养其科学的态度。

科学态度包括实事求是、尊重客观规律、严谨认真、勇于探索等。在课题研究中，学生需要严格按照科学的方法进行实验操作，如实记录实验数据，杜绝篡改、伪造数据的行为。即使实验结果与预期不符，学生也应客观分析原因，而不是盲目地否定实验结果。例如，在研究“摩擦力大小与哪些因素有关”时，学生可能会发现实验数据与理论预测存在偏差。此时，学生需要仔细检查实验过程，分析可能的误差来源，而不是随意修改数据以符合预期结果。这种实事求是的态度是科学研究的基本要求，也是学生在课题研究中需要培养的重要素质。

科学思维则包括批判性思维、创造性思维、逻辑思维等。在课题研究中，学生需要对现有的物理理论和实验方法进行深入批判性思考，并提出自己的见解和改进方案。例如，在研究“电流与电压、电阻的关系”时，学生可以思考传统的实验方法是否还有改进的空间，是否可以通过创新实验装置或实验步骤来更准确地测量电流和电压。同时，学生还需要运用逻辑思维对实验数据进行分析和推理，从数据中发现规律，得出结论。这种科学思维的培养，有助于学生形成独立思考的能力，提高他们的创新意识和科学素养。

教育改革的目标之一是培养学生的核心素养，而科学态度和科学思维则是物理核心素养的重要组成部分。通过课题研究，学生能够在实践中培养这些素养，从而更好地适应未来社会对高素质人才的需求。

四、培养科研素养和创造能力

科研素养和创造能力的培养是高中物理教学课题研究的重要目标之一。在当今社会，科技创新是推动社会发展的核心动力，而科研素养和创造能力则是培养创新型人才的关键要素。

科研素养包括对科学知识的深入理解、对科学方法的熟练掌握、对科学问题的敏锐洞察力以及对科学研究的持久兴趣等。在课题研究中，学生通过亲身参与科学研究的过程，逐渐培养这些素养。例如，在研究“光的折射规律”时，学生需要深入理解光的传播原理，掌握实验操作方法，敏锐地观察实验现象，并对光的折射现象产生浓厚的兴趣。通过不断研究和探索，学生能够逐渐提高自己的科研素养。

创造能力的培养则体现在学生对实验方法的创新、对问题的独特见解以及对实验结果的深入分析等方面。在课题研究中，学生需要运用自己的创造力，设计独特的实验方案，从而提出新颖的观点和结论。例如，在研究“电磁感应现象”时，学生可以尝试设计不同的实验装置，探索电磁感应现象的新规律。通过这些创新实践，学生的创造能力将得到有效的锻炼和提升。

科研素养和创造能力的培养并非一朝一夕之功，而是需要长期的积累和实践。高中物理教学课题研究为学生提供了一个良好的平台，让他们能够在实际的研究过程中逐步培养这些能力。当代中学生缺乏培养科研素养和创造能力的大环境，而且基础教育在这方面也存在不足，课题研究的改革正是为

了弥补这一缺陷。通过课题研究，教育改革不再仅仅停留在书面和口头，而是真正落实到实际教学中，为培养学生的科研素养和创造能力做出实质性的贡献。

五、激活各科学习中的知识储存

书本上的知识是人们对生活现象长期研究和总结的成果。然而，学生在学习过程中往往直接从书本上获取知识，缺乏对知识的深入理解和应用。这种学习方式会导致知识与生活实际脱节，学生难以将所学知识灵活运用到实际问题中。例如，在学习物理公式时，学生可能只是机械记忆公式，却不知如何运用公式解决实际问题。

课题研究为解决这一问题提供了有效的途径。通过课题研究，学生可以将各学科的知识综合运用到实际问题中，激活知识储存，增强知识的相关性。例如，在研究“太阳能电池的效率”课题时，学生不仅需要运用物理知识，如电学、光学等，还需要运用化学知识，如半导体材料的性质，以及数学知识，如数据分析和计算。这种跨学科的综合运用，使学生能更深入地理解各学科知识之间的联系，从而提高他们的综合素养。

课题研究能够激发学生对知识的深入思考和探索。在课题研究过程中，学生需要不断地提出问题、解决问题，从而对知识的理解更加深刻。例如，在研究“声波的传播”时，学生可能会思考声波在不同介质中的传播速度差异以及如何利用声波进行通信等问题。这种深入的思考和探索不仅有助于学生巩固所学知识，还能培养他们的创新思维，提升他们的实践能力。

第三节　高中物理教学课题研究的实施策略

在高中物理教学中，开展课题研究是一种有效的教学方式，能够培养学生的科学素养、创新思维和实践能力。①

① 张佳宁，段旭朝，李怡然，等．浅谈高中物理课题研究改革及实施策略［J］．科学咨询（教育科研），2021（24）：142-144.

一、教师引导：主题分析与知识储备

教师在课题研究的起始阶段发挥着至关重要的引导作用。教师需要带领学生初步分析和了解所要研究主题的背景框架，这包括对课题的来源、研究的现实意义以及在物理学领域中的地位等进行剖析。例如，若研究主题是“探究影响导体电阻大小的因素”，教师可以介绍电阻在日常生活中的广泛应用，如电热器、输电线路等，让学生明白研究该课题的必要性。同时，教师还要引导学生回顾梳理与课题相关的基础知识，如电阻的定义、欧姆定律等，为后续研究奠定坚实的理论基础。在此基础上，教师需强调注意事项，如实验操作中的安全规范、数据记录的准确性要求等，以此确保学生在研究过程中能够规范操作，避免出现错误和危险。

接下来，教师引导学生思考研究过程中可能会用到的科学方法，并对这些研究方法进行详细指导。常见的科学方法有控制变量法、转换法、模型法等。以控制变量法为例，教师可以结合具体的物理实验进行讲解，在探究电流与电压、电阻关系的实验中，要保持其中一个物理量不变，分别研究电流与另一个物理量的关系。教师通过详细讲解控制变量法的操作步骤和注意事项，让学生理解如何运用该方法进行实验设计和数据分析。通过这一系列的指导，学生能够积累足够的知识、技术储备，从而具备独立解决研究主题的基本能力。

二、学生自主：研究计划与实验设计

在教师的引导下，学生对研究主题有了初步了解，并掌握了相关基础知识和科学方法。接下来，学生需要运用自己的逻辑思维和动手能力，参照研究样例的实验研究过程，自行制订研究计划、设计实验并规划具体实验步骤。这一阶段是培养学生自主学习能力和创新思维的关键环节，教师应鼓励学生充分发挥自己的想象力和创造力，大胆提出自己的实验方案。例如，在研究“平抛运动的规律”时，学生可以设计不同的实验装置，如利用小球从斜槽轨道滚下进行平抛运动，通过改变小球的初速度、抛出点高度等条件，观察并记录小球的运动轨迹和落地点位置。在设计实验步骤时，学生需要考虑实验的可操作性、数据的准确性以及实验结果的可靠性。教师在此阶段将不再对学生设计的具体步骤进行干预，而是充分给予学生主动权，让学生自己自主探索、亲身体验。通过这一过程，学生能够深入理解物理概念和规律，提高解决实际问题的能力。

三、实践探索：研究实施与方案修正

学生将自己制订的研究计划和设计的实验步骤付诸实践，这是课题研究的核心环节。在实验过程中，学生需要严格按照设计的步骤进行操作，并认真观察实验现象，准确记录实验数据。然而，实验过程中可能会出现各种问题，如实验装置的故障、实验操作的失误、数据的异常等。当学生无法得出结论时，就需要根据实际情况检查并修订之前制订的研究计划。例如，在研究“摩擦力大小与哪些因素有关”的实验中，如果发现实验数据与预期结果相差较大，学生则需要仔细检查实验装置是否安装正确、实验操作是否规范、测量工具是否准确等。在发现问题后，学生对研究计划进行相应的修订，然后实施修改后的方案，再次进行研究实施。这一过程可能会反复多次，直到获得准确的数据。通过这种不断尝试、不断修正的过程，能够培养学生严谨的科学态度和坚韧的毅力，同时提高分析问题和解决问题的能力。

四、数据分析：处理数据与总结结论

经过多次实验，学生收集到大量实验数据。接下来，学生需要对这些数据进行详细分类、统计，分析数据之间的关系。在处理数据时，学生可以运用数学工具，如绘制图像、进行数据分析等，以便更直观地观察数据的变化规律。例如，在研究“弹簧的弹力与伸长量的关系”时，学生可以根据测量的数据绘制弹力与伸长量的关系图像，从而发现二者成正比的规律。在分析数据时，学生需要排除误差数据，这些误差可能是由于实验操作不规范、测量工具不准确或外界干扰等因素引起的。通过排除误差数据，学生能够更准确地发现数据中的规律。在总结结论时，学生需要将实验过程及得出的结论进行整理、撰写成纸质版报告。报告中应包括研究背景、实验目的、实验原理、实验步骤、实验数据、数据分析、结论等内容。撰写报告的过程不仅能够帮助学生巩固所学知识，还能够提升学生的科学写作能力和逻辑思维能力。

五、交流分享：成果展示与研讨反思

教师组织学生在课堂上分享自己的研究成果，相互讨论研究过程，这一阶段是学生学习和成长的重要环节。通过交流研讨，学生可以了解其他同学的研究思路和方法，从而拓宽自己的视野，激发更多创新思维。在交流过程中，学生可以互相提问、互相解答，共同探讨研究中遇到的问题和困难。教师则需要对学生的研究过程进行评价，并纠正其中的错误。教师的评价应注重过程评价，关注学生在研究过程中的表现，如实验设计的合理性、实验操作的规范性、数据分析的准确性等。同时，教师还要引导学生总结分析成功或失败的原因。对于成功的实验，教师可以引导学生总结成功的经验和方法，以便在今后的学习中加以借鉴；对于失败的实验，教师要帮助学生分析失败的原因，找出问题所在，鼓励学生在今后的研究中加以改进。通过这一过程，学生能够从他人的经验中吸取教训，不断提高自己的研究能力。

六、评估总结：效果评价与教学改进

研究效果评估是课题研究的最后一个环节，也是教师参与的重要环节。教师可以引入多元化的学生评价方式，如学生自评、互评、教师评价等。学生自评可以帮助学生反思自己的研究过程，发现自己的优点和不足；学生互评可以促进学生之间的相互学习和交流；教师评价则可以从专业的角度对学生的研究成果进行全面、客观的评估。教师按照一定的比例综合各种评价方式评定学生课题研究部分的成果。在评估过程中，教师需要对本次活动的总体效果进行总结，进而归纳大多数学生在研究中遇到且难以解决的问题。例如，若发现许多学生在实验设计中存在逻辑不清、步骤不完整等问题，教师可以在平时的教学活动中融入问题的解决方法，如讲解实验设计的基本原则和方法、提供实验设计的范例等，帮助学生提高实验设计能力。通过这种总结和反思，教师能够不断改进教学方法，提高教学效果，同时也能够帮助学生在今后的学习中更好地开展课题研究，提高学生的综合能力。

第四章 高中物理教学中的学生管理

随着新课程改革的不断深化，高中物理教学面临着新的要求和挑战。新课程改革强调尊重学生的主体地位，培养学生的创新思维能力和科学探究能力。这要求教师在教学过程中更加注重学生的个体差异，并采用多样化的教学方法激发学生的学习兴趣和动力。

第一节 尊重学生个性，激发学习动力

一、研究学生差异，实施个性化教学

在教学实践中，教师首先需要深入了解学生的基本情况，包括知识基础、成长环境、过往学习经历、学习动机及个性特征等。这一过程不仅有助于教师精准把握学生的学习需求，还能为教学设计提供科学依据。基于对学生个体差异的了解，教师能够制定更具针对性的教学方案，在教学内容和方法的选择上做到因材施教，从而提升教学的有效性。学生在这一过程中也能获得更符合自身需求的学习体验，学习兴趣得以激发，进而保障教学进度和质量。与此同时，教学的目标不仅在于知识的传授，更应关注学生自主学习能力的培养。通过合理的引导，使学生逐步认识自身的学习特点，调整学习策略，实现从被动学习向主动学习的转变。

学生的学习偏好因个体差异呈现多样化。不同的生物节律、认知模式和学习环境需求，使学生在学习时间、方式及环境选择上存在显著差异。部分学生在清晨思维敏捷，学习效率较高，而部分学生上午学习状态不佳，难以集中注意力。此外，也有学生在夜间思维活跃，适合进行高强度的认知活动。同样，在学习环境的选择上，有的学生倾向于独立学习，认为安静的环境更有助于知识的吸收；而另一些学生则偏好通过讨论交流强化理解，甚至在一定程度的环境噪声中反而能够保持较高的专注度。这些个体特征决定了不同学生在既定教学安排下的适应程度，直接影响其学习成效。因此，在课程安

排方面，教师需综合考虑不同学生的学习特点，使课程设置与学生的认知节律相契合，以最大化学习效果。例如，物理等需要较强逻辑推理能力的课程通常安排在上午，这适合在该时段思维活跃的学生。标准化教育模式中，课堂往往以教师讲授为主，学生被动接受知识，通过强化训练、记忆巩固的方式提升学习效果；而考试形式仍以纸笔测验为主，主要考查学生对知识的认识与再现能力。这种教学模式相对适合擅长记忆、习惯独立学习的学生，而对存在其他学习方式偏好的学生而言，则可能会降低其学习兴趣，影响其学业表现。

当学生的学习方式与教学模式相匹配时，学习成效通常较为显著，个体会在学业成就感的驱动下进一步增强学习兴趣，形成积极的学习循环。在这一过程中，学生的自主学习意识不断增强，对知识的理解与应用能力亦逐步提高。然而，若学生的学习特点与教育方式存在较大偏差，则可能导致学生学习效率低下，影响其学业发展，甚至在长期学习过程中产生消极情绪，陷入被动学习的困境。

个体在学习过程中的认知方式存在显著差异，这一差异在课堂中的表现尤为明显。学校的作息时间安排通常基于科学研究，研究认为早晨是大脑最为清醒的阶段，因此早读时间的设定旨在提升学生的学习效率。然而，在课堂环境中，不同认知特征的学生对于相同的教学内容会表现出不同的反应方式，这种差异也影响着学习过程的策略选择和学习成效。

在物理课堂上，部分学生表现出较强的主动性，他们倾向于通过积极互动、快速反应以及频繁表达来促进知识的掌握。这类学生通常对新知识充满兴趣，乐于在课堂上表达见解，并善于通过实践活动加深对知识的理解。例如，在解决运动学问题时，他们能够快速探索多种解法，并尝试通过讨论、操作实验或向他人讲解的方式巩固学习成果。然而，由于他们在知识的系统性构建方面可能缺乏深度，其学业表现虽较为优秀，但并不总是能达到最优水平。相比之下，另一类学生则更倾向于以深思熟虑的方式进行学习。他们在课堂上较少即时互动，但在接受知识时更注重深入分析与逻辑推理。在面对复杂概念时，他们会认真思考每个细节，确保对知识点的全面理解，并在必要时向教师寻求进一步的指导。这种学习方式有助于学生夯实知识基础，提高知识迁移能力，使其在学业上取得更稳定的成绩。尽管个体在不同情境下可能兼具主动与深思的学习方式，但整体上，认知方式的倾向性在学习过程中仍然具有重要影响。

在教学过程中，学生的学习方式和认知特点存在显著差异，而这些差异会直接影响学习体验和教学效果。心理学研究表明，个体对于频繁接触的事物会产生熟悉感和好感，这一现象在师生互动中亦有体现。活跃型学生因主动性较强，常与教师建立互动，因此更容易受到教师的关注，教师的教学方式往往偏向于适应这一群体的学习需求。沉思型学生则倾向于自主思考，在课堂上有选择地接受信息，并通过个人归纳进行深入理解。因此，教学设计应兼顾不同类型学生的需求，既要提供简明扼要的知识讲解，帮助沉思型学生快速获取核心内容，又要进行详细讲解，以确保教学的整体效果。

在物理教学中，力学和电磁学的内容较为复杂，对不同类型的学生而言，学习体验也存在差异。感悟型学生更倾向于学习已经确定的知识，例如物理定理、实验结论或公式，他们在概念理解方面更具耐心，习惯于细致深入地分析知识点，而对于需要大量推理的内容则相对不感兴趣。相较之下，直觉型学生更偏好探索具有变化性和创新性的知识，如电磁学中的运动轨迹变化，他们能够迅速理解新概念，并善于发现事物之间的联系，但对于重复性较强的知识内容，如机械振动，他们则可能缺乏耐心。因此，教学策略应灵活调整，以满足不同类型学生的学习需求，既要为其提供系统化的知识结构，又要鼓励其培养探索和创新思维，以促进学生对物理知识的深度掌握。

此外，学生的信息接收方式也因个体差异而不同。言语型学生对语言信息更为敏感，能够较好地理解和记忆听觉信息；而视觉型学生则更依赖直观的视觉刺激，如实验现象、图片或视频等。研究表明，视觉信息的处理速度远超听觉信息，因此在教学过程中，如果能够将听觉与视觉信息结合运用，将有助于提升学生的学习效率。尤其是在涉及抽象概念的物理教学中，通过多媒体手段展示实验过程或物理现象，能够有效增强学生的理解力和记忆力，从而提高教学效果。

在知识学习过程中，学生的认知方式亦有所不同。综合型学生在初始阶段往往学习进度较慢，但在积累一定的知识后，能够迅速建立整体认知结构，并形成深层理解。他们能够在知识体系基本构建完成后，快速掌握复杂内容，并举一反三。然而，由于其自身的认知特点，他们往往难以清晰表达自身顿悟的过程。相较之下，序列型学生则更习惯于循序渐进地掌握新知识，他们对单一知识点的理解较为扎实，但在处理综合性问题时可能会遇到困难。因此，在教学过程中，教师应引导序列型学生加强综合问题的思维训练，帮助其建立知识间的联系，以提升整体解决问题的能力。

科学精神的培养不仅依靠勤奋与严谨，还需重视勇气的价值，这一要素在科学探究中具有重要作用。教材的改革融入了对勇气的强调，旨在促进学生在科学实验过程中形成探索精神与创新意识，从而激发学生更广泛的创造力。这种能力不仅局限于物理学的学习，更能延伸至未来生活的多个领域。与此同时，物理学习策略作为方法性内容，其价值远远超越了具体知识的掌握。学习策略包括有效的规则、方法、技巧及自我调控能力，其具有方法性和自主调节性双重特征。知识可能随着时间的推移而被遗忘，而学习能力、思维习惯与策略方法却能长期影响个体的认知发展，并贯穿终身学习的全过程。因此，科学教育不仅应关注知识传授，更应引导学生掌握科学探究的方法和策略，使其能够在未来的学习和实践中持续保持创新能力和自主学习意识。

二、教师专业成长与个性化教学风格的塑造

教师的教学风格是在长期的教育实践中不断积淀和发展的结果，其形成受个体的教育理念、知识背景、教学经验及能力等因素的影响。新课程改革倡导教师立足自身特点，探索并塑造独特的教学风格，以优化教学过程，提高教学成效。教师的专业成长离不开持续的学习。通过深入观摩经验丰富的前辈授课，教师可以分析其教学设计，理解其教学意图，借鉴其教学策略，并结合自身特点进行优化并应用。同时，课堂观察也能够提供丰富的实践经验，帮助教师在对比思考中反思自身教学方式，并在此基础上不断改进。阅读亦是教师成长的关键环节，教师不仅需要深入研习本学科的专业知识，还需涉猎广泛的科学文化，以提升自身的文化素养和人文修养，从而构建更加全面的知识体系，为教学提供深厚支撑。

在教学实践中，理论与实践相结合是促进教学能力提升的重要方式。教师应在实践中验证和调整教育理论的应用效果，并通过不断的教学反思，实现教学理念的优化。向经验丰富的教师学习，接受其指导和建议，有助于教师加深对教材的理解，优化教学设计，提高课堂组织与教学实施的能力。同时，积极参与课题研究也是促进教师进行教学创新的重要途径。课题研究不仅能够深化对教学规律的认识，还能为课堂教学提供理论依据，使教学活动更加科学合理。此外，教学竞赛是锻炼和提升教学能力的有效手段，它促使教师不断精进教学技能，增强课堂掌控力，并在竞争与交流中优化教学策略，逐步形成符合自身特点的教学风格。

优秀的教学不仅依赖于教师的专业能力，也取决于其对学生的理解与尊

重。教学过程中，教师应注重营造积极的课堂氛围，以耐心和关爱引导学生，并通过适时的鼓励和辅导，增强学生的学习自信，使其体验学习的成就感。教学赏识能够激发学生的学习热情，幽默的课堂氛围能够提升课堂吸引力，而宽容的教学态度则能够促进学生的自主成长。

此外，现代教学应充分利用信息技术，将科技融入课程设计，以优化教学资源，提高课堂效率，增强教学的互动性和趣味性。通过不断学习、实践与创新，教师能够在教学过程中塑造独具特色的教学风格，促进学生全面发展，同时也能实现自身的专业成长。

三、教学形式与方法多样化

在物理教学过程中，演示实验与模型展示发挥着至关重要的作用，这些手段能够有效促进学生对物理概念和规律的深刻理解。物理学科涉及大量抽象概念，部分内容仅靠理论讲解难以让学生建立清晰的认知结构，因此需要通过直观的演示和动态的模型构建，使学生能够在具体情境中观察物理现象，从而提升学习效果。

在波动理论的教学中，横波与纵波的概念存在显著差异。横波由于在日常生活中较为常见，学生能够较为轻松地理解其传播方式及特性；而纵波的传播方式与学生已有认知存在偏差，增加了理解难度。在此情况下，仅凭语言讲解难以突破认知障碍，而利用专门的演示器直观呈现纵波的传播过程则能帮助学生建立更准确的物理图像，从而提高概念的可接受性和理解深度。同样，在涉及天体运动的教学内容中，利用视频资源展示人造卫星绕地球运动或行星围绕恒星运行的过程，有助于学生直观地理解万有引力定律的应用及其影响，从而增强学生对物理规律的整体认知。

此外，在运动学的教学中，合理运用演示实验能够显著提升教学效果。以平抛运动为例，该内容涉及水平方向匀速运动与竖直方向自由落体运动的独立性，仅依赖数学推导可能会让部分学生感到抽象晦涩。若在课堂教学中结合简单的实验，通过实际观测运动轨迹，使学生在真实场景中体验物理规律的作用，则能够有效增强概念理解的直观性和深刻性。因此，演示实验与模型展示作为物理教学的重要工具，不仅可以增强知识的可视化呈现，还能够激发学生的学习兴趣，使其更主动地参与到科学探究过程中，以此提高学习效率。

四、基于新课程理念的因材施教与个性化学习

新课程理念的核心在于为学生提供多种选择，以适应不同个体的学习需求。教材编写时，系统性地融入演示实验、学生实验、讨论模块、练习模块及拓展性知识等多层次内容，使学生能够在自主学习的过程中获得更加丰富的探索机会。这种设计不仅有助于培养学生的探究能力，还为不同背景和能力层次的学生提供了适应自身特点的成长路径，从而实现更加个性化的学习模式。

我国地域广阔，各地区在教育资源、社会环境及经济条件等方面存在较大差异，进而导致不同地区、不同学校的学生在知识基础、学习方式及思维习惯上呈现多样化特征。因此，在教学实践中，需充分考虑区域特点和个体差异，合理调整教学目标与实施策略，以确保不同层次的学生都能在适合自身发展的环境中学习。无论是课程目标的设定，还是教学方法的运用，都应坚持因材施教、因地制宜的原则，以最大限度地激发学生的学习潜能，提高教学的有效性。

在具体实验教学中，灵活运用多种实验方法和技术手段，有助于优化教学效果。例如，在研究运动规律的实验中，可以采用传统的手工测量方法，也可以借助现代计算机技术进行数据分析；在研究时间测量精度时，可以根据实验条件选用不同类型的计时器，以实现最佳的实验方案配置。合理利用教学资源，优化实验设备的选取和使用方式不仅能提升实验教学的科学性与高效性，还能进一步培养学生的实践能力和科学探究精神。

第二节　欣赏学生潜能，树立学习信心

激发学生创新潜能、培养学生创新能力，是现阶段高中物理教学的目标导向[①]。高中物理教学中蕴含大量开发学生学习潜能的契机，在物理概念和规律的教学中，通过物理实验的操作和演示，教师可以深入探究开发学生潜能的途径和方法。下面主要从开发学生的科学思维能力潜能、记忆力潜能、想象力潜能、表达能力潜能和合作能力潜能等方面进行分析。

① 王光贺．高中物理教学中学生创新潜能的激活策略 [J]．广西物理，2023，44（4）：151-153.

一、利用物理教学开发学生的科学思维能力

思维是人类认知世界的关键过程。人类大脑通过对外部现象的感知与反思，能够在感性材料的基础上进行分析、比较与综合，从而形成理性认知。这一过程不仅是自然的生物机制，同时也受到文化、教育与环境的深刻影响。思维的多样性体现了其能够根据不同的需求与情境，呈现出不同的表现形态。这种多维的思维能力使得个体能够在面对复杂问题时，展示出解决问题的灵活性与创新性。在教育领域，尤其是理科教育中，思维的培养至关重要，因为它直接关系到学生对知识的理解与运用能力。

科学思维作为思维的一种特殊形式，是指在探索与解决问题时，需遵循科学的方法与原则。它要求学生在思维过程中，能够系统地分析问题，严谨地推导结论，并根据证据作出合理的判断。科学思维不仅是对已有知识的机械记忆与重复应用，它更是一个探索、创新与自我修正的动态过程。在这一过程中，个体不仅学习如何解决问题，还学习如何在解决问题的过程中对思考进行优化与调整。因此，科学思维的培养在高中物理教学中显得尤为重要。引导学生学会科学的思维方式，不仅能够增强他们的理科素养，还能激发其对科学的兴趣与探索欲望。

学生的思维能力与他们在学习过程中的主动性密切相关。能够独立发现问题并提出疑问，是学生科学思维能力的基础。培养学生的科学思维能力，应当从激发他们的质疑精神入手。在物理教学中，教师可以通过启发性提问、挑战学生的已有认知，让他们在思维碰撞中发现问题的本质。质疑不仅是对知识的怀疑，更是推动思维进步的重要动力。没有疑问的思考往往仅停留在表面，无法深入挖掘问题的核心。因此，通过培养学生提出问题的能力，教师能够激发学生的思维潜力，促使他们在解决问题的过程中不断优化自己的认知框架。

物理学科的核心在于规律的探寻与应用，而物理规律的理解本身也离不开逻辑思维的支撑。在物理教学中，许多概念与定律的学习需要学生在不同的知识模块之间进行横向对比与联系。例如，物理学中很多量的定义，都是通过比值的方式来表达的。这种定义方式不仅要求学生掌握相关概念的内涵，还要求他们能够灵活运用这些比值关系解决问题。通过对这些定义的反复比较与实践，学生能够更好地理解物理量之间的关系，并在此基础上建立起系统的知识体系。在这个过程中，教师的引导至关重要，教师不仅要帮助学生

理解这些概念，还需要通过启发式教学，引导学生思考概念背后的物理意义和应用场景，从而帮助他们建立正确的科学思维模式。

物理实验教学对思维的训练同样有不可或缺的作用。实验教学的核心在于通过控制变量法等科学方法，帮助学生深入理解物理规律与实验设计之间的关系。通过实际操作，学生能够在具体的实验情境中，学会如何通过科学方法探索问题，并在此过程中不断调整与优化自己的思维策略。例如，在验证物理定律时，学生通过改变某一变量并控制其他变量，能够系统地分析不同物理量之间的相互关系。通过此过程，学生的逻辑思维能力与科学实验能力都得到了同步提升。通过实验探究得出结论，不仅有助于加深学生对物理概念的理解，还能够帮助他们将理论知识与实践经验相结合，从而形成更为完整的知识体系。

二、利用对物理概念规律的记忆培养学生的记忆能力

开发学生的记忆潜能是教育过程中一个至关重要的任务，这不仅有助于提升学生的学习效果，也能激发他们的主动学习意识。为了实现这一目标，教师首先要帮助学生消除偷懒心理，激发他们的责任感，让学生清楚地认识到，记忆不仅是学习的基础，还是掌握知识的关键。学生应将记忆知识视为必须完成的任务，不找借口，不拖延。这种心态的培养将直接影响学生的学习态度与成果。

与此同时，教师还要帮助学生了解记忆和遗忘的基本规律，有效的记忆方法应当基于这些规律。记忆的规律表现为不同类型的记忆在效果上存在显著差异。例如，有明确目的的记忆比无明确目的的记忆要更为有效。这是因为有明确目标的学习活动通常会引发更高程度的注意力集中，从而使得记忆材料更容易被深刻理解和存储。同样，长期记忆的材料，相比于短期记忆的内容，则往往能更加巩固和持久。这表明，当学生面对需要长期记住的材料时，应该采取更加系统和深入的学习策略，以提高其记忆的稳定性和持久性。

此外，记忆的顺序性也是影响效果的重要因素。按一定顺序记忆的材料比不要求按顺序记忆的材料记忆效果更好，这与大脑对信息组织和结构化处理的偏好有关。而精确记忆也优于仅仅记住大意，这种差异体现了记忆精细化程度对效果的影响。因此，学生在记忆时应尽量做到精确和细致，以提高记忆的可靠性。

记忆的材料是否与学生的兴趣或需要相符，直接影响记忆效果。人们更

容易记住与自身需求或兴趣相关、能够激发情感共鸣的材料，这类内容记忆效果更强。进一步地，材料的意义，材料与现实生活的关联性也会影响记忆效果。有意义的材料相比于无意义的材料，更容易在大脑中留下深刻印象。此外，材料的呈现方式同样影响记忆，富有节奏感和韵律感的内容相比于无韵律的内容更容易被记住。因此，教师在设计学习材料时，可以将这些因素纳入考虑，以促进学生的记忆。

除了这些基本的规律外，联想在记忆过程中同样起着至关重要的作用。通过联想，学生可以将新知识与已有知识连接起来，从而加深对信息的理解与记忆。联想能够帮助学生在大量信息中建立起网络化的记忆结构，这种结构不仅能够增强记忆效果，还能提高信息的提取效率。综合运用各种感官进行学习，尤其是在有多重感知参与的学习活动中，记忆效果往往会更加显著。集中注意力学习优于漫不经心地学习，能更有效地帮助学生在短时间内形成深刻记忆。因此，教师应当引导学生提高学习时的注意集中度，以增强记忆效果。

除了遵循这些记忆规律外，教授学生多种记忆方法也是提高记忆能力的有效途径。每个学生适用的记忆方法各不相同，教师应根据学生的个体差异，鼓励他们尝试不同的记忆技巧，找到适合自己的方式。常见的记忆方法有回忆记忆法、系统记忆法、比较记忆法、规律记忆法和实验记忆法等。回忆记忆法通过增加尝试回忆的频次，有效巩固正确记忆，纠正错误记忆。系统记忆法则将需要记忆的知识内容放置于一个整体的知识框架中进行理解和记忆，避免了孤立记忆单一知识点的弊端。比较记忆法通过对比事物的异同，帮助学生在对比中加深对事物的理解，从而提升记忆效果。规律记忆法要求学生从事物的内在规律出发，发现事物之间的必然联系，通过对规律的掌握进行记忆。实验记忆法则通过动手操作和实验活动，激发学生的兴趣，并提升记忆效果。通过采用多样化的记忆方法，学生能够更全面地开发自己的记忆潜力。

值得注意的是，某个学生擅长的记忆方法不一定适用于其他学生。记忆方法的效果因个体差异而有所不同。因此，教师应当帮助学生进行反思和总结，鼓励他们在实践中不断调整和改进自己的记忆技巧。学生也应当意识到，记忆是一项需要长期积累和持续探索的技能，只有通过不断地实践，才能找到适合自己的记忆方法。

为了进一步激发学生的学习兴趣，教师可以组织记忆力竞赛，通过不同主题的竞赛形式让学生进行记忆训练。这种活动不仅能激发学生的学习热情，还能培养学生的竞争意识，增强他们的自信心。此外，竞赛还能帮助学生发现自己在记忆方面的薄弱环节，及时进行针对性的训练。通过这种形式的学习，学生不仅能享受成功的喜悦，也能在实践中不断完善自己的记忆技能。

三、利用对物理现象和情景的观察开发学生的想象能力

开发学生的想象力是教育中至关重要的目标之一。若想有效地激发学生的想象力，首先要引导学生培养对生活的敏锐观察力。教师应鼓励学生与真实社会、生产与生活紧密接触，积累丰富的社会经验和实际知识。通过实践活动，学生可以更深刻地理解所学知识与日常生活之间的紧密联系。无论是参与日常家务，还是通过社会实践体验劳动的价值，这些活动都能为学生提供直接的感官体验，帮助他们更好地理解课堂上所讲述的科学原理。通过生活的丰富积累，学生能够形成更加立体的知识体系，这对其想象力的培养具有重要作用。

其次，想象力的培养不仅依赖于感性经验的积累，还需要学生在科学思维的框架下，学会将不同的事物和现象联系起来。在教学过程中，教师应激发学生的逻辑思维，帮助他们从已知的规律出发，展开富有创造性的联想。通过引导学生从具体到抽象，再从抽象到具体，学生能够在课本知识与生活实践之间架起一座桥梁。例如，当讨论物体在失重状态下的运动时，借助多媒体资源辅助，学生可以更直观地理解这一现象的科学原理。同时，教师还应鼓励学生大胆想象，将所学的理论知识扩展到更广阔的空间和时间维度，以此激发其创造性思维，促进他们对未知领域的探索。

再次，要激发学生的想象力，还必须保护和培养学生的好奇心和求知欲。学生的探索精神是推动想象力发展的核心动力，这一动力的培养离不开教师对学生自主学习时间和空间的尊重。教师应为学生提供一个宽松的学习环境，允许他们在思考问题时能够拥有足够的自由度和灵活性。通过组织兴趣小组、课外活动等形式，教师可以为学生提供更多的机会进行自主探究，让他们根据自身的兴趣与特长，选择学习和研究的课题。在这一过程中，学生不仅能够从实践中获得独立思考的能力，还能在解决实际问题时锻炼自己的创新能力。这种基于自主学习的想象力培养，将为学生未来的发展奠定坚实的基础。

最后，想象力的培养还与学生的自信心密切相关。自信心的缺乏往往成为学生展示和发挥想象力的最大障碍。在教学过程中，教师应注重激励学生，

帮助他们树立自信，并鼓励他们敢于表达自己的想法和见解。尤其是在面对复杂或未知的课题时，教师应引导学生意识到，错误和失败是学习过程的一部分，只有通过不断尝试和修正，才能不断接近真理。与此同时，教师还应鼓励学生对社会现象进行批判性思考，培养其分析问题的独立性和批判精神。在这一过程中，教师可以通过组织讨论、座谈等形式帮助学生形成自己的观点，并大胆表达自己。通过不断地实践和反思，学生的想象力会在思维的碰撞中得到提升，最终形成自主、创新的思维方式。

四、利用学生对物理现象和规律的表述开发学生的表达能力

开发学生的表达能力是一项系统性、全方位的教育任务，涉及教师自身的语言能力、课堂互动、思维训练以及阅读积累等多个方面。在这一过程中，教师的语言表达能力至关重要。教师需要通过精彩、准确且富有个性的语言进行课程讲解，激发学生的兴趣，促使他们积极参与课堂讨论。尤其在阐述学科知识时，教师应通过具体、生动、形象的方式呈现物理规律和过程，帮助学生更好地理解和掌握知识。这种方式不仅能够提高课堂的互动性，吸引学生的注意力，还能够激发学生表达自己观点的欲望，从而养成良好的表达习惯。

同时，教师应主动走进学生的心灵，注重与学生的交流与沟通。这不仅仅体现在课后与学生的个别对话中，更应通过课堂上的提问与回答进行日常性的语言训练。在课堂教学中，教师要鼓励学生大胆表达自己的想法，即便是错误的表达，也应当给予积极的反馈，以此帮助学生认识到自己的优点和不足，进而提高他们的自信心。每一节新课开始时，教师可以通过复习和提问来回顾上节课的内容，这不仅有助于学生巩固知识，还能为学生提供一个表达自己理解的平台。通过这种正向激励的方式，学生的语言表达能力将在不断互动中逐渐提升。

此外，辩论和讨论活动也是培养学生语言表达能力的重要途径。通过组织学生进行有针对性的辩论，不仅能激发学生思维的活跃性，还能增强他们表达思维的清晰度和条理性。辩论活动要求学生在有限的时间内组织和表达自己的观点，这种高压环境能有效地促进学生思维的深入发展，并激发他们更强烈的表达欲望。无论是对某一科学现象的讨论，还是对社会问题的辩论，都可以帮助学生培养理性思维和语言组织能力。此类活动的多次开展，将使学生在辩论中锻炼语言表达能力，提升他们的逻辑性和说服力，从而在日常的学习中更自信地表达自己的见解。

另外，教师还应鼓励学生广泛阅读，以此不断拓展他们的知识面，提升语言表达的深度。知识的积累与学生语言表达能力的提高密切相关，拥有更丰富的知识储备，不仅能增强学生的思维灵活性，还能提升他们在不同情境下的语言表达能力。教师可以推荐一些通俗易懂的科普读物，以激发学生的阅读兴趣，并鼓励他们将所学内容与课堂知识相结合，进行分享与表达。这不仅有助于学生理解和吸收新知识，也能为学生提供多种表达方式的锻炼机会，使其在书面表达上有所突破。通过不断地阅读，学生能够提高自己的语言素养，进一步促进其语言表达的流利性和准确性。

五、利用物理实验的探究活动开发学生的合作能力

开发学生的合作能力是培养其综合素质的重要组成部分。

首先，必须从唤醒学生的合作意识入手。学生需要认识到，无论是在学习还是生活中，合作都是解决问题和达成目标的有效方式。通过明确分工与角色定位，学生能够在团队中发挥出自身的优势，从而提升整体的协作效率。实验过程中，学生不仅能够通过合理的任务分配增强团队协作意识，还能通过相互配合，共同完成更复杂的学习任务。

其次，创建一个良好的合作氛围是开发学生合作能力的关键。教师应当在教学过程中积极营造互动和交流的环境，让课堂充满协作精神。通过师生之间的相互启发与补充，使教学不再是单向的知识传递，而是多元化的互动交流。课堂中的合作不仅是学习活动的组织形式，更是激发学生深度思考和解决问题的有效策略。教学设计应注重学生之间、学生与教师之间的互动，充分发挥集体智慧，从而促进学生的全面发展。

再次，创设符合合作学习理念的课堂情境也是激发学生合作精神的有效手段。在实际教学中，教师可以通过设置具有挑战性和探索性的学习情境，激发学生之间的合作与沟通。以小组合作的形式，学生能够在开放性任务中充分发挥想象力和创造力，获得更大的思维空间。这不仅能够提高学生的合作能力，还能激发他们自主学习的积极性，促进团队成员之间的相互交流与共同进步。学生在合作中学习如何倾听他人意见、表达自己的想法，进而培养其团队意识和协作能力。

最后，鼓励学生自主探究与合作创新是提升学生合作能力的必要途径。合作学习不仅是学生与教师之间的信息传递，更重要的是学生之间的互动和交流。学生彼此间天然的平等关系为合作提供了基础，这种关系也能够促进

学生自由表达与积极参与。通过小组合作，学生能够相互学习、取长补短，从而实现知识的共同建构。在合作过程中，学生需要学会尊重他人的意见，理解团队合作的价值，并在共同的目标指引下，增强自我牺牲精神和集体责任感。通过这种互动与合作，学生不仅能够学会如何解决问题，还能在合作中得到创新的启发。

第三节　开展励志教育，弘扬科学精神

物理学作为一门严谨的自然科学，其发展历史不仅展现了科学规律的逐步发现过程，也彰显了科学家们在这一过程中的精神品质。科学家们的精神，如专注求实、创新思维、协作精神、奉献精神等，贯穿于物理学史的每个重要阶段。这些精神内涵对学生的思想品德培养和核心素养提升有着深远的影响。通过物理学史的教学，教师可以潜移默化地将这些精神融入课堂教学，这不仅能拓宽学生的知识视野，也能够激发学生对科学的兴趣和探究精神。通过了解科学家们不断突破困难、追求真理的艰辛历程，学生能够更加深刻地认识到物理规律背后的深厚积淀，从而培养他们的科学精神和责任感。

传统的教学模式过于注重学业成绩和标准化考试，往往忽视学生独立思考和批判性思维的培养。许多学生习惯于接受教科书和教师的权威，缺乏主动探索问题的意识和能力。为了改变这种现象，教学策略的调整至关重要，教师不仅要帮助学生掌握物理知识，更要培养学生的批判性思维，使其敢于质疑和思考。通过引导学生参与实验探究，分析实验数据，并对物理现象进行深层次的思考，教师可以帮助学生养成质疑精神。这一过程促使学生从被动接受知识转变为主动发现问题、提出问题和解决问题，从而提高他们的科学素养和独立思考能力。

物理学史作为物理教学的重要组成部分，蕴含丰富的教育价值。新课程标准强调，物理学史部分不仅要传授物理知识，更要挖掘其中蕴含的精神力量。科学家在探索自然规律的过程中付出了大量的心血和努力。每一个物理定律的确立、每一个科学理论的完善，都离不开科学家们的艰苦奋斗与创新思维。通过物理学史的讲解，教师不仅能帮助学生了解物理知识的起源和发展，还能传递科学家们不畏艰难、勇于创新的精神。这种精神的传递，不仅有助于学生理解物理知识，也能够激励他们在未来的学习和生活中保持探索

的勇气和坚持不懈的毅力。

总体而言，物理学史并非仅是物理教学的辅助内容，更是培养学生科学精神、批判性思维和创新能力的重要途径。通过有效的教学设计，教师可以充分利用物理学史中的丰富资源，激发学生的学习兴趣，培养他们独立思考和解决问题的能力，从而为学生的全面发展奠定坚实基础。

第四节 构建高效机制，实现陪伴成长

在当今教育环境中，家校合作已成为提升教育质量、促进学生全面发展的关键因素。随着教育理念的不断进步，家庭和学校之间的界限逐渐模糊，两者在教育过程中的互动和合作也变得日益频繁。家校合作不仅涉及学生学业成绩的提升，更关乎其心理健康、社会适应能力以及道德情操的培养。

在“双减”政策背景下，家校合作式物理教学具有重要的意义。实施“双减”政策是为了减轻学生的课业负担和课外辅导压力，让他们有更充裕的时间参与学习活动。借助家校合作式物理教学，能够提升学生的动手实践能力，对培养他们的合作精神及创新思维具有积极意义①。

一、家校合作的作用机制

（一）家校合作对学生学业成绩的影响

家长的参与能够有效激发学生的学习动机。当家长在学习过程中表现出关注和支持时，学生往往会对学业产生更高的重视，从而提高学习投入度和学习效果。

家校合作有助于家长更好地理解学校的教学目标与要求，从而能够在家庭中为学生提供更加有针对性的学习帮助。家长的这种支持可以为学生提供一个良好的学习环境，促进他们的学业进步。

家校合作还通过学校与家长之间的定期沟通反馈机制，帮助教师及时掌握学生的学习动态，从而根据学生的需求调整教学策略。家校合作对学生学业成绩的提升并非单一过程，它需要家长、教师和学生之间的持续互动和协

① 田长燕．基于“双减”政策的家校合作式物理教学研究［J］．启迪与智慧（上），2025（2）：120-122.

作。学校应为家长提供清晰的指导，帮助家长了解如何参与学生的学习，家长也需积极投入时间与精力，共同为学生的学业成就提供支持。

（二）家校合作对学生行为习惯的影响

通过家校合作，学校可以向家长传递关于学生行为的期望和规范，家长则可以将这些行为要求带入家庭环境中，形成一致的行为标准。行为上的一致性能够帮助学生形成稳定的行为习惯，因为他们在家庭与学校中接收到相似的行为指导。此外，这种合作还通过加强家长对学生行为的监督和引导，助力学生养成良好的行为习惯。家长能够关注孩子在学校和家庭中的表现，及时发现行为问题并进行适当的纠正。同时，家校合作为家长提供了交流平台，使其能够与其他家长和教师共同分享经验，学习如何有效地引导学生行为。家校合作在学生行为习惯的培养过程中受到多种因素的影响，包括家长的参与程度、教师与家长之间的沟通质量，以及学校提供的支持与资源。为了取得最佳效果，学校需要持续评估和优化家校合作机制，确保各方能够有效参与，共同推动学生行为的健康发展。

（三）家校合作对学生心理健康的影响

通过家校合作，家长能够更好地理解和响应孩子的情感需求，这在增强学生的安全感和归属感方面起到了重要作用。家长与学校的紧密合作有助于家长及时察觉学生的情绪波动，并根据学生的需要给予支持和干预，从而有效减少学生可能面临的心理压力。家校合作还通过促进双方之间的开放沟通，为学生提供了一个更加透明的环境。让学生感到自己的声音和感受得到关注，从而增强自信心和自尊心。与此同时，家校合作提供的额外资源和支持也能够帮助学生有效应对学业压力、人际关系等可能影响其心理健康的因素。家校合作对学生心理健康的影响也受多种因素制约，例如家长与学校的沟通质量、学校提供的心理健康支持资源，以及学校和家庭文化价值观的契合度等。为了发挥家校合作在维护学生心理健康方面的作用，学校和家庭应携手合作，共同创造一个更加包容和支持的环境，以促进学生心理健康和全面发展。

（四）家校合作对教师教学效果的影响

家校合作通过家长反馈，帮助教师更全面地了解学生的家庭背景和个性需求，从而使教师能够根据学生的具体情况调整教学策略，提高教学的针对性和有效性。家长的积极参与和支持为教师创造了一个更为积极的教学环境，家长不仅为教师提供了额外的资源，还能够通过参与学校活动和项目，进一步强化学校与社区之间的联系。家校合作还通过促进教师与家长之间的沟通与协作，提升了教师的职业满意度和工作积极性。教师在感受到家长的认可和支持时，往往能够增强工作投入度，并激发出更多创新的教学方式。然而，家校合作对教师教学效果的影响也受到多种因素制约，如教师与家长之间的沟通质量、学校资源的支持力度以及教师专业发展的机会等。因此，学校应持续评估和改进家校合作机制，以确保教师能够最大限度地发挥家长资源的作用，从而提升教学效果。

（五）家校合作对学校管理效率的影响

家长的参与有助于提高学校决策的透明度和公正性，使学校管理更加公开和易于理解。家长通过参与学校管理委员会和各类项目，能够为学校提供宝贵的反馈和建议，从而帮助学校更有效地利用资源解决管理中出现的问题。家校合作还通过增加家长对学校政策和活动的理解，减少因误解而产生的冲突，进而提升了学校的管理效率。当家长对学校的方针政策和活动有清晰的认知时，他们便更愿意支持并配合学校的管理，而非怀疑或抵制。家校合作还能够通过促进教师与家长之间的有效沟通，减少管理中的摩擦，提升决策的质量和执行力。然而，家校合作对学校管理效率的推动同样受到家长参与度、家长与教师沟通质量等多重因素的影响。为了最大限度地发挥家校合作的积极作用，学校应当持续优化合作机制，确保各方参与者能够有效发挥作用，进一步提升学校的管理水平。

二、家校合作的策略及实施

（一）家校合作的策略

在家校合作策略的科学构建过程中，其首要任务是达成家校双方对合作目标与预期成果的高度共识。这要求教育机构在规划教育方案与活动时，系统整合家长的多元视角与实践经验，确保教育愿景的协同性。其次，构建多维度的沟通体系是策略实施的核心保障，该体系应涵盖制度化沟通（如定期家长会议、系统性家访）与即时性互动（如数字化沟通平台、实时信息反馈机制），进而形成动态交互的沟通网络。

此外，需构建家长教育赋能体系，通过专业化培训与资源支持提升家长的教育参与效能；同时建立家长参与学校治理的常态化机制，强化其教育共同体的归属感与责任意识。最后，策略设计应嵌入动态评估与反馈机制，运用标准化测评工具（如周期性问卷调查、深度访谈）与过程性数据（如学生发展轨迹分析）形成闭环管理系统，实现策略的持续优化。

（二）家校合作的实施

在家校合作的具体实践中，首先，需建立权责明晰的协作框架，通过科学界定职能边界，避免角色越位或缺位，确保教师能够专注于教学核心职能，家长则侧重情感培育与家庭学习生态建设。其次，需构建立体化信息交互平台，整合传统沟通渠道（如家长开放日）与数字化工具（如移动应用、在线协作平台），形成信息双向流动的生态系统。再次，需建立家长教育支持体系，开发分层分类的家长培训课程，涵盖教育理念更新、教育策略优化等方面，以提升家庭教育的专业化水平。从次，需创新家长参与机制，通过家校议事会、教育共同体建设等载体，构建民主协商的治理格局。最后，需建立质量监控与改进机制，运用过程性评价与结果性评价相结合的方式形成动态调整的实践范式，最终保障合作效能的持续提升。

（三）家校合作的长期发展规划

家校合作的可持续发展需要构建系统性战略框架。首先，完善政策保障体系，制定专项政策确保资源投入与制度支持，为合作深化提供基础保障。其次，构建教育工作者专业发展体系，通过阶梯式培训、跨领域研讨会等形式，提升教师与家长协作的专业能力。再次，应建立循证研究机制，通过长期追踪研究，评估合作策略的有效性，形成基于实证的改进方案。合作体系需拓展至社区层面，整合企业、社会组织等多元主体，构建教育资源共享网络。最后，建立差异化实施机制，充分考虑家庭文化背景与教育需求的多样性，设计弹性化合作方案，实现教育公平的深度落实。通过多维度的战略部署，可构建具有韧性、创新性和包容性的家校合作生态，为教育的高质量发展提供持续动能。

第二部分　高中物理数字化实验教学及应用

第五章　高中物理实验教学及创新策略

高中物理实验教学应注重探究式学习与实践创新，通过优化实验设计、引入信息技术手段、强化跨学科融合，提升学生的科学思维与问题解决能力。本章主要探究高中物理实验教学的相关概念、高中物理实验教学应遵循的原则、高中物理实验教学的创新策略以及基于 TPACK 理论的高中物理实验教学。

第一节　高中物理实验教学的相关概念

一、物理实验

物理实验是探究物理规律、验证理论假设、发展实验技能的重要手段。作为物理学的核心组成部分，物理实验以科学方法为指导，通过搭建实验装置、测量与分析实验数据，让实验者深入理解自然现象的内在机制，并构建科学的认知体系。物理实验不仅关注物理量的测定，还强调对实验误差的分析和控制，以提高实验结果的准确性和可靠性，进而优化实验方法，完善理论体系。

物理实验的本质在于通过实践探究客观规律，使物理学的抽象理论在实验过程中得到直观展现。实验的开展依赖于科学合理的实验设计，包括变量的选择、实验环境的控制、数据的精确测量以及合理的误差处理。实验数据的获取不仅为理论研究提供支撑，还在一定程度上推动新理论的形成和发展。

实验过程中，利用高精度测量仪器和先进的数据处理方法，可以提高实验数据的准确性，使实验结果更具科学价值。

物理实验的教学功能体现在深化对物理概念的理解、培养科学思维以及提升实验技能。在物理教学体系中，实验不仅是验证理论知识的工具，也是促进逻辑推理能力、数据分析能力和科学探究能力发展的重要途径。物理实验通过引导实验者观察现象、处理数据，使其能更精准地把握物理定律的适用范围及其局限性，从而增强他们对科学研究的辩证思维能力。实验过程中，对于科学态度和实验素养的培养尤为关键，严谨求实的实验精神、规范的操作习惯、合理的误差分析能力是实验素养的重要体现，也是科学研究不可或缺的基本要求。

物理实验可分为基础实验、验证性实验、探究性实验以及综合实验等不同类型。基础实验旨在帮助实验者掌握基本实验技能和测量方法，为后续复杂实验的开展奠定基础。验证性实验侧重于物理规律的实验验证，通过对实验现象的观察与数据分析，使物理定律的推导得到实践支持。探究性实验则鼓励实验者通过自主设计实验方案，探索未知问题，从而培养实验者的科学研究能力和创新思维。综合实验则涵盖多个物理概念和测量技术，通过多变量的控制与分析，提高对复杂系统的理解和应用能力。

物理实验的实施需要科学合理的实验教学策略，以确保实验的有效性和科学性。实验设计应遵循科学性、可操作性和启发性原则，使实验过程既能准确反映物理规律，又能引导实验者深入思考。实验数据的处理需遵循严谨的科学方法，并通过误差分析、数据拟合和数理统计等手段提高实验结论的可信度。此外，实验安全管理亦不可忽视，合理使用实验设备、规范操作流程、强化安全意识是确保实验顺利进行的重要保障。

二、高中物理实验

高中物理实验是物理学习的核心环节，它不仅在深化学生对物理概念与原理的理解方面发挥着关键作用，还能培养了学生的实验操作技能及科学探究的综合能力[①]。高中物理实验作为物理教学的重要组成部分，不仅是理论知识的直观呈现方式，也是培养学生科学探究能力、实验操作技能和创新思维

① 孙志鹏．高中物理实验中的误差分析与数据处理能力培养［J］．数理天地（高中版），2025（4）：146-148.

的关键环节。此外，结合课程标准与教育发展趋势，物理实验的实施正朝着向多样化、数字化、开放化方向发展，以进一步提升实验教学的质量和效率。

（一）物理实验的多样化发展

除探究性与验证性实验外，高中物理实验的教学实践还包括多种创新形式。例如，结合实际生活的“非常规”实验能够有效拓展实验资源，增强学生的实践体验。这类实验充分利用日常生活中的现成材料，使实验教学更贴近生活，兼具灵活性与趣味性。课程标准亦明确指出，实验资源不仅限于实验室设备，还可充分挖掘废旧材料及日常用品，使实验现象更加直观，从而提升实验教学的实效性。

（二）物理实验室的建设与优化

物理实验室是实验教学的重要支撑体系，其建设水平直接影响实验教学的质量。按照课程标准的要求，高中物理教学需配备充足的实验设备，以满足不同实验类型的教学需求。学校在实验室建设过程中，应依据学生数量与课程标准配备足够的实验器材，确保实验教学顺利开展。此外，还需加强实验室管理，并建立开放实验室制度，使学生能够在课余时间进行自主实验探究，进一步提高其实验能力与科学研究素养。

（三）数字实验的应用与发展

随着信息技术的发展，数字实验逐渐成为物理实验教学的重要组成部分。数字实验利用传感器、数据采集系统及计算机分析软件，能够实现高精度数据测量和自动化数据处理，优化实验效果。数字实验的优势在于可对微小物理量进行精确测量，减少传统实验中因人为因素导致的测量误差。此外，部分难以在常规实验条件下进行的实验，如高速运动分析、复杂波动现象测量等，也可借助数字实验顺利完成。因此，学校应积极推动数字实验室建设，并鼓励教师探索数字实验在物理教学中的应用，以推动实验教学手段的现代化。

三、物理实验及其相关概念

（一）物理实验与科学思维

物理实验不仅是验证理论假设的基本手段，更是激发科学推理、深化模型建构、促进科学论证的重要方式。物理实验的实施需要精准的测量、严谨的变量控制以及系统的数据分析，这一过程推动了科学推理能力的提升，使研究者能够在观察、比较、归纳的基础上建立数学模型，揭示物理规律。通过实验过程中的数据处理与误差分析，科学论证得以深化，进而增强对自然规律的理解和把握。

科学思维的发展依赖于实验过程中的经验积累和逻辑推理能力。物理实验不仅要求对现象进行观察和描述，还需要基于实验数据进行合理的推理，以建立符合逻辑的理论框架。这一过程中，假设的提出、实验方案的优化、数据的合理解释均依赖于科学思维的支撑。实验中所形成的因果分析与定量表达，有助于构建更加精确的物理模型，为理论体系的完善奠定基础。同时，实验的不确定性和误差分析也培养了批判性思维，使研究者能够在不断反思与调整中优化研究方法，提升科学探究的深度和广度。

物理实验不仅提供了研究自然现象的手段，还在思维训练方面发挥着不可替代的作用。实验的实践性特点使科学思维在具体操作中得到锤炼，从而促进理性分析能力、逻辑推理能力以及创新能力的综合发展。

（二）物理实验与科学探究

物理实验不仅是研究自然规律的重要手段，还是培养科学探究能力的重要途径。在物理实验实施过程中，实验者需要基于对自然现象的观察，提出科学问题，并通过合理的假设构建理论框架，从而推动科学探究的深入发展。实验方案的设计要求严谨的逻辑推理和精确的变量控制，以确保数据的可靠性和实验结果的可重复性。这一过程促使科学探究能力的提升，使研究者在获取和分析数据的过程中逐步建立科学的证据体系，从而为理论推导和物理模型的构建奠定坚实基础。

科学探究的本质在于通过实验与理论的相互作用揭示自然规律。物理实验的开展依赖于精确的测量、系统的数据处理和严谨的误差分析，从而确保实验数据的有效性和科学性。在数据分析的基础上，研究者能够基于实验证据进行合理解释，并通过逻辑推理验证或修正理论假设，使物理学研究的体系更加严密。同时，实验过程中对结果的评估与反思也有助于科学探究能力的深化，使研究者能够在不断优化实验方法的过程中提高对复杂物理问题的理解和认知水平。

物理实验不仅促进了科学探究能力的提升，还推动了科学交流与协作。

实验结果的解释与交流需要基于科学证据进行有效表达，使科学探究的成果能够得到广泛认可和应用。实验中的反思和总结不仅有助于优化研究方法，也能为进一步的探究提供思路。

（三）物理实验与物理观念

物理观念的形成依赖于对客观现象的理性分析，而物理实验则为其提供了探索物理规律的实践平台，使抽象的物理概念能够在实验操作与数据分析的过程中具体呈现。通过实验，研究者能够从物质的本质属性、运动状态及其相互作用的角度理解物理现象，并在能量的传递与转换过程中加深对物理规律的认识，从而促进物理观念的系统化发展。

物质观念的建立离不开实验对微观与宏观层面物质特性的探究，而实验数据的获取和分析使物质的结构、性质及其变化规律得以量化和验证。运动与相互作用观念的发展依赖于实验对物体运动状态及其受力情况的研究，研究者在实验过程中能够通过精确测量与数据处理来掌握运动规律，并深入理解力与运动的关系。能量观念的深化体现在实验对能量形式、能量守恒与转化规律的探究之中，它使研究者能够在实验数据的支持下建立系统的能量分析框架，并提高对物理现象的解释能力。

物理实验不仅是构建物理观念的有效途径，也在观念应用与迁移方面发挥着关键作用。通过实验，研究者能够在不同物理情境下运用所形成的观念分析和解决问题，从而提高物理思维的严密性和系统性。实验过程对概念的不断验证和完善，推动了物理观念从感性认知向理性思考的转化，使研究者能够以更加科学的视角理解和运用物理知识。

（四）物理实验、科学态度与责任

物理实验不仅是科学探索的重要方式，也是培养科学态度与社会责任的关键环节。在实验过程中，科学态度贯穿实验的每个环节，包括严谨求实的实验设计、精确规范的操作过程、客观公正的数据分析以及理性严密的结论推导。科学态度的核心在于尊重事实、追求真理、严谨治学，而物理实验正是锻炼这种精神的实践平台，能够使研究者在持续的观察、思考和验证中深化对科学本质的理解，提升其理性分析能力。

科学态度的培养离不开对客观规律的敬畏与尊重。物理实验要求研究者严格遵循实验规范，确保数据的可靠性和可重复性，从而减少主观偏差，提高研究结论的科学性。这种求真务实的精神不仅是科学研究的基本要求，也是社会生产和技术发展的重要基石。在实验过程中，面对可能出现的误差和偏差，研究者需要保持冷静、客观的态度，科学分析实验结果，避免主观臆测和武断结论。这一过程有助于培养科学思维方式，提高问题解决能力。

实验承载的不仅是科学探索的过程，也包含了社会责任。物理实验的严谨性和科学性直接影响着科技发展的方向，其成果在社会应用中具有广泛影响。因此，研究者需要秉持高度的责任感，确保实验数据的真实可靠，推动科学知识的准确传播。此外，科学态度的培养也有助于提升社会责任意识，使研究者能够以理性和公正的立场参与科学决策和社会事务。

第二节　高中物理实验教学应遵循的原则

高中物理实验教学要想达到预期效果，需要遵循以下原则。

一、科学性原则

在高中物理实验教学中，科学性原则要求物理实验不仅要正确反映物理现象和物理规律，还要通过深入的理论分析，科学合理地设计实验，全面考察各种误差对实验结果的影响。该原则体现了实验教学的核心目标，即通过实验活动帮助学生加深对物理规律的理解，从而培养其科学探究的能力，并为其今后的科学实践奠定坚实的基础。

（一）强调实验的理论支撑

每一项物理实验的设计与实施都应建立在扎实的物理理论基础之上。实验不应仅仅是现象的展示，更应通过实验数据的采集与分析，验证物理规律。为了确保实验结果的科学性，研究者必须依托物理理论进行合理的假设、推理与建模，确保实验过程能够真实反映物理现象的内在规律。因此，科学性原则要求教师和学生在进行实验前，必须对所涉及的物理原理进行充分理解与分析，以确保实验步骤的科学性和实验目标的可达成性。

（二）注重对误差的分析与处理

在物理实验中，实验误差不可避免。误差可能源于仪器的精度、环境的变化、操作的失误等多个方面。科学性原则要求在实验设计和实施过程中，

必须充分考虑各类误差的影响，并采取相应措施进行控制与修正。这不仅有助于提高实验结果的准确性，还能够培养学生对实验数据的敏感性与批判性思维。通过对误差源的分析与处理，学生能够更加全面地理解实验现象，并在实际操作中逐步提高实验技能，避免盲目追求结果的表面精度，以增强其科学探究的理性思维。

（三）强调实验设计的合理性和实验结果的可重复性

实验方案的科学性体现在其能够系统性地解决物理问题，并通过合理的实验步骤进行验证。良好的实验设计能够最大程度地减少外界干扰，使实验结果具有高度的可重复性与可靠性。这要求教师在实验教学中，必须充分考虑物理实验的设计合理性，确保实验步骤与方法的科学性，从而帮助学生形成科学的实验思维方式，提高其在未来科研工作中的实验能力。

二、安全性原则

在高中物理实验教学中，安全性原则要求所有实验活动必须在确保实验安全的前提下进行。对于任何具有潜在安全隐患的实验，要么采取必要的安全防范措施，要么果断取消该实验。这一原则不仅是对实验教学的底线要求，更是培养学生科学素养与责任意识的重要环节。

（一）充分评估实验的安全性

教师应当在实验前期做好详细的安全风险评估，确保所有实验项目都能在无安全隐患的情况下顺利实施。高风险的实验，尤其是涉及电气、化学或机械操作的实验，需要特别关注其安全防护措施是否到位。例如，实验过程中可能出现的电压过高、电流过大、易燃易爆物质的处理等问题，都必须提前进行详细规划，并根据实验内容配置相应的安全设备。实验的设计要符合安全规范，避免在操作过程中发生不可控的安全事件。

（二）严格遵守实验室的安全操作规程

所有实验操作人员，尤其是学生，应当接受充分的安全教育和操作培训，确保其了解实验过程中可能遇到的安全隐患及应急处理方法。在实验过程中，教师应时刻关注实验操作的安全性，并指导学生正确使用实验仪器，防止因操作不当造成人员伤害或设备损坏。同时，实验室内的紧急设施，如灭火器、急救包和应急疏散通道等，应当随时处于可用状态，确保一旦出现意外情况能够迅速采取有效的应急措施，保障人员安全。

（三）实验结束后，进行全面的安全检查与总结

在实验结束后，教师应引导学生进行实验设备的安全检查，确保所有仪器设备都完好无损，并按照规定流程妥善处理实验废弃物。通过对实验过程中的安全问题进行总结，不仅可以提升学生的安全意识，还能帮助学生更好地理解科学实验的严谨性与责任感，为其未来从事科研工作奠定良好的安全基础。

三、稳定性原则

在高中物理实验教学中，稳定性原则要求实验在多次重复操作中保持一致的实验结果，从而增强学生对实验现象和物理规律的信任。实验的稳定性不仅关系到实验结果的准确性和可靠性，还直接影响学生的学习兴趣与物理思维的培养。

（一）强调实验设备与装置的可靠性

在物理实验过程中，实验装置必须具备一定的稳定性，确保每次实验操作，设备都能在标准状态下正常运行，不因外部因素干扰出现显著误差。实验设备的设计和调试应当考虑到其使用过程中可能出现的波动或不稳定性，选择那些操作简单、维护方便且精度较高的仪器设备，从而确保实验结果的一致性和稳定性。稳定性好的实验装置不仅有助于减少误差，还能让学生更容易理解物理现象，进而提高其对物理实验的信心和兴趣。

（二）要求实验过程中的操作应具有可重复性

在物理实验教学中，许多实验需要进行多次重复操作，以验证实验结论的可靠性。如果实验过程中的误差较大或实验操作不稳定，那么实验结果可能出现偏差，这会导致学生对实验结果产生疑虑，甚至影响其对物理学科的兴趣。因此，教师在设计实验时，应确保实验步骤清晰、可操作性强，并避免外界干扰因素的影响，使得学生能够通过重复实验操作，获得稳定且一致的实验结果。只有当实验能够成功并稳定地多次重复时，学生才有可能从中得出科学的结论，进一步加深对物理规律的理解。

（三）强调实验教学中教师技能和技术的掌握

教师不仅要具备丰富的实验知识和操作技能，还要熟练掌握一定的实验技巧，以应对实验中可能出现的不稳定因素。教师应能够提前识别潜在的操作问题，并指导学生调整和优化实验操作步骤，避免误差的积累。同时，教师在实验过程中还应时刻关注实验的稳定性，以便于及时发现并解决问题，确保实验顺利进行并取得可靠的结果。

四、简捷性原则

在高中物理实验教学中，简捷性原则主张通过简化实验装置和操作流程，使学生能够快速理解实验原理，降低学习和操作难度，从而增强学生的实验兴趣和探究欲望。简捷性原则还强调在实验设计中，既要追求实验的科学性和有效性，又要避免不必要的复杂性，使实验过程简洁明了，易于理解和操作。

（一）要求实验装置设计应简洁、直观

实验设备应尽量选择那些易于组装、调试和操作的仪器，避免使用复杂且难以理解的高科技设备，这样可以减少学生因对设备不熟悉而产生的困惑，帮助学生集中精力理解实验的核心概念。实验装置的简化有助于提高学生的操作效率，使他们能够快速完成实验，并专注于物理现象的观察和分析，而非在复杂的操作中浪费时间和精力。简洁的实验装置不仅便于操作，还能减少因设备问题而引发的实验误差，从而提高实验结果的准确性。

（二）强调实验原理的易懂性

在设计实验时，教师应考虑到学生的知识背景和理解能力，确保实验原理能够以简单、直接的方式呈现给学生。实验中的物理现象应尽量选择容易观察、易于理解的，避免使用过于抽象或难以直观感知的物理过程。简化实验的原理和现象，使其更加贴近学生的日常经验，这样有助于学生更快地掌握实验的核心要点，进而加深其对物理概念的理解。

（三）要求简化实验步骤

实验过程应按照清晰、易于执行的步骤进行，避免设计过多不必要的操作，以免造成学生操作混乱或分散注意力。简化实验步骤有助于学生在有限

的时间内高效完成实验，减少不必要的干扰因素，使他们能够更专注于实验的核心内容，从而提高实验教学的效果。

第三节　高中物理实验教学的创新策略

高中物理实验教学对学生理解物理概念、发展科学思维和提升探究能力具有关键性作用。合理运用多样化的实验教学策略，不仅能显著提高学生的学习效果，还能有效促进学生创新意识、自主探究能力和知识应用能力的提升①。

一、学生方面

（一）纠正对物理实验的错误认识

许多学生将物理实验视为简单的操作过程，却忽视了其背后所蕴含的科学思维和严谨性。为此，教师需要帮助学生认识到物理实验不仅是对现象的观察，更是科学探索的关键环节，同时也是理论验证与推理的重要手段。因此，学生在进行实验时，必须保持严谨的实验态度，注重每个实验步骤的规范性，确保实验的科学性和结果的可靠性。

纠正错误认识的核心在于培养学生的实验素养，使他们明白实验不仅是操作技术的体现，更是科学方法的实践。学生应学会从实验设计中提出问题，结合理论提出假设，并在实验过程中精确控制变量、严密分析数据，最终通过实验证据得出结论。在这一过程中，学生需要意识到实验的每个环节都具有重要意义，包括数据记录、实验过程的反思以及结果的解释等，任何环节的疏忽都可能影响实验结论的准确性。

（二）积极参与实验学习

物理学科不仅是理论的积累和公式的应用，更是通过实验观察和实践来验证和深化理解的过程。因此，教师应鼓励学生积极参与到物理实验中，以此培养他们的探究精神和独立思考能力。在这一过程中，学生的主动学习意

① 宋宗斌．高中物理实验教学策略与有效性研究［J］．数理化解题研究，2024（33）：71-73.

识至关重要，它不仅能够提升他们对实验过程的兴趣，还能有效促进学生理论与实践相结合的能力。

物理实验教学应注重培养学生的自主学习能力，促使他们在实验前进行充分的预习。通过自主学习，学生能够提前了解实验的基本原理和操作步骤，以提升他们在实验过程中的自信心与独立性。此外，在实验操作过程中，教师应加强对学生常规技能的训练，确保他们熟练掌握实验设备的使用方法和实验步骤，从而在实际操作中灵活应对可能出现的各种情况。

学生应认识到实验结果的分析与总结对于实验学习的重要性。因此，在实验课结束后，学生不仅要认真书写实验报告，反思实验过程中的每一个细节，还应在报告中进行深入的思考与总结，并提出对实验结果的进一步探讨。这种积极参与和自主思考的过程，能够促进学生从单纯的实验操作转向更高层次的科学思维，使他们在物理学习中得到全面发展。

二、教师方面

（一）增强实验教学资源的开发意识

教师应意识到，教学资源不仅限于购买的高端实验仪器，还应根据教学目标和实际需求，灵活运用各种可用资源，包括生活中的废旧材料。通过优化实验资源的配置，教师能够更好地将实验教学与学生的实际需求相结合，从而提高实验教学的质量和效果。

在当前教育环境中，教师必须强化开发意识，主动探索利用身边的材料来设计和制作低成本、易获取的实验设备。这不仅能解决实验资源不足的问题，还能激发学生的创造力和实践能力。自制实验教具能够有效地弥补实验设备的不足，同时培养学生的动手能力和创新思维。通过亲自制作和操作实验仪器，学生不仅能够加深对物理原理的理解，还能够体验解决实际问题的成就感，这对提升学生的学习积极性和实验兴趣具有积极作用。

自制实验教具和简易实验设备有助于降低实验教学的成本，使得更多学校，尤其是农村和边远地区的学校，也能够提供高质量的物理实验教学。这种方式不但能够解决学校资源短缺的问题，还能培养学生的环保意识和创新实践能力，为他们未来的学术研究与社会实践打下坚实的基础。因此，教师应不断增强实验教学资源开发的意识，并将其作为提升教学质量的重要手段，以此推动实验教学的全面发展。

（二）转变物理实验教学观念

教师应当更新传统的教学观念，科学安排理论与实验的教学时间和内容，避免过度偏重理论讲授，而忽视实验操作能力的培养。物理实验应作为学生理解和掌握物理原理的桥梁，通过动手实践，学生能更深入地理解抽象的理论知识。同时，实验教学应强调学生的主动参与，摒弃通过“讲实验”或“多媒体演示”等方式替代学生动手实验的做法。通过亲身操作，学生不仅能够加深对物理概念的理解，还能培养其问题解决能力和团队合作意识。

对于教材中所列的演示实验，教师应根据实际情况合理利用现有资源，增强实验的可视性和证据性，确保学生能够直观地感知实验现象和规律。新课程标准规定了教师必做实验的数量和内容，因此教师应根据教学进度按时组织学生进行这些实验，以确保学生在实验过程中获得全面的能力培养和知识提升。通过有效的实验教学，学生不仅能够更好地掌握物理学科的核心知识，还能培养出良好的科学素养，为未来的学习和实践打下坚实基础。

（三）加强开展探究性实验课

探究性实验教学注重培养学生的科学思维与创新意识，通过自主探究和问题解决，激发学生对物理知识的兴趣和求知欲。因此，教师需要转变传统的教学方式，重视教学中的探索和实践环节。教师应具备一定的研究能力，并提前进行实验操作，发现并解决潜在问题，确保课堂教学的顺利进行。此外，教师在实验课程设计中还应更加关注实验的优化与调整，重新梳理教材中的实验内容，创设具有开放性和探索性的教学情境，并鼓励学生在实际操作中发现问题并进行反思。在这一过程中，教师应避免单纯的知识传递，而是通过引导学生提出问题，培养学生的质疑精神，激发他们的创新思维。学生通过对问题的探索和解决，能够深入理解物理概念，并在实验过程中提高自主学习和独立思考的能力。

教师可将传统的演示实验转化为探究实验，减少对实验思路的直接指导，鼓励学生通过独立设计实验方案，确定实验所需的仪器、步骤及测量方法。通过小组讨论、实验结果的评估与反思，学生不仅能强化实验技能，还能学会团队合作和科学交流。在这一过程中，学生的主体地位得到充分体现，教师则充当引导者和支持者，帮助学生自主发现问题、独立思考，从而提升其综合素养。通过有效的探究性实验教学，学生能够在实践中逐步掌握科学方法，培养解决复杂问题的能力，从而为未来的学术研究与实践应用奠定基础。

三、学校方面

（一）增强对物理实验教学的重视程度

新课程标准指出，在高中物理课程设计上应确保实验教学与理论教学并重，使实验课程成为物理教学体系中不可或缺的一部分。学校需科学合理地安排实验内容，使其既能够巩固基础理论，又能培养学生的探究能力；同时加大实验资源的投入，优化实验仪器的配置，确保实验教学能够顺利开展。此外，教学方式的改进也是关键，应注重实验教学的启发性、探究性和互动性，使学生能够在实验过程中深刻理解物理概念，并提升学生自主学习和问题解决能力。实验教学的有效实施，还需建立科学合理的评价体系，将实验能力纳入物理学科评价的重要组成部分。通过完善实验教学模式，优化资源配置，提高实验教学质量，能够有效提升学生的科学素养和创新能力，真正实现物理教育的全面发展。

（二）开放实验室，提高其利用率

传统实验室的开放时间往往受限于课程安排，非授课时间处于封闭状态，导致实验资源利用率较低。为充分发挥实验室的作用，优化实验教学环境，有必要采取合理的措施提升其使用效率。学校可结合实际教学需求，制定灵活的实验室开放制度，在保障安全的前提下适当延长开放时间，使其能够服务于课外学术探究。学生在实验过程中需严格遵循实验操作规范，合理使用实验设备，以确保实验环境的可持续性。加强实验室管理同样至关重要，应设立专业维护机制，确保仪器设备的正常运行；对老化或损坏的设备进行定期检查、回收或创新再利用，提高实验资源的可持续性。

数字化实验室的建设可有效提升实验精度与数据处理能力。引入数字化测量与分析系统可弥补传统实验方法在微观数据观测和精准测量方面的不足，从而提高实验教学的科学性与高效性。综合运用多种手段优化实验室管理与开放模式，不仅能够提高实验室利用率，还能进一步推动实践教学改革，提升实验教学质量。

（三）加强开展物理实验教学，增加实验课时量

在物理实验教学中，部分教学体系存在实验课时量相对不足的问题，影响了实验教学的深入开展。因此，应当加强实验教学的组织与实施，合理增

加实验课时量，以提升教学质量和学习效果。首先，应从课程设置层面优化实验教学，确保实验课在教学计划中占据合理比例。依据课程内容和学生的认知发展规律科学安排实验课时，既可以分散式嵌入理论教学，也可以采用集中实验教学模式，以增强实验教学的系统性与连贯性。其次，实验教学的实施需与教学目标相契合，通过实验过程深化对物理概念理解，提高学生分析问题和解决问题的能力。最后，学校可通过开展多样化的实验实践活动，拓展实验教学的外延，使实验教学不仅限于课堂内部，而是与科技创新、工程实践等领域相结合，进一步提升物理实验的教学价值。

第四节　基于 TPACK 理论的高中物理实验教学

一、TPACK 的内涵及框架

（一）TPACK 的内涵

TPACK（Technological Pedagogical Content Knowledge）是技术、教学法与学科内容知识深度融合的知识体系。其核心在于技术知识、教学法知识与学科内容知识的相互作用，并非简单的要素叠加，而是构建了一种整合性的新型知识结构。在教学实践中，TPACK 强调合理利用信息技术，结合科学的教学策略，以最优方式呈现学科内容，从而提升教学质量与课堂效率。

TPACK 的价值不仅体现在提升课堂教学的互动性、精准性和高效性，还在于推动教师专业发展，促使教师在教学过程中不断优化知识结构，增强教师的教育技术素养与教学创新能力。其强调教师在实践中不断探索技术、教学与内容的融合路径，促进多元化教学模式的构建，以适应信息化时代的教育需求。

（二）TPACK 的框架

TPACK 框架是技术、教学法与学科内容知识相互融合的动态知识体系，它强调三者的深度整合，以优化教学效果。该框架由学科内容知识、教学法知识和技术知识三个基本维度构成，并在其基础上衍生出技术内容知识、技术教学法知识，以及技术学科教学知识，由此形成完整的多维知识结构。

学科内容知识涉及学科领域的核心概念、原理、方法及逻辑体系，是知

识传授的基础。教学法知识关注教育理论、教学策略与学习心理，确保教学过程的科学性与有效性。技术知识涵盖传统与现代教育技术，强调信息技术在教学中的应用。基于这三者的交叉融合，形成了技术内容知识，即技术如何影响学科内容的表达与组织；技术教学法知识，即技术如何支持教学策略的实施；最终整合形成技术学科教学知识，实现技术、教学法与学科内容的深度结合。

TPACK 框架的核心价值在于构建适应信息化时代的教学模式，使教师能够综合运用技术、教学法与学科内容优化课堂教学。该框架强调知识的动态发展，要求教师在教学实践中不断调整和优化知识结构，以提升教学的适切性和创新性。

二、基于 TPACK 的高中物理实验教学理论

（一）人本主义学习理论

基于 TPACK 的高中物理实验教学理论，在人本主义学习理论的指导下，强调认知与情感的协调发展，致力于构建以学生为中心的学习环境。人本主义学习理论认为，学习不仅是知识的传授，更是学生全面素质的培养；而 TPACK 框架的核心在于技术、学科内容与教学法的有机融合，以提升教学的整体效能。物理实验教学作为物理学科的重要组成部分，通过科学探究与实践操作，引导学生在真实情境中建构知识，发展批判性思维，提高自主学习能力，从而提升其综合素养。在这一理论框架下，高中物理实验教学不仅关注实验技能的培养，还强调学生在实验过程中的情感体验、个性发展以及科学精神的养成。通过有效整合技术资源，教师能够创设更加丰富的实验情境，使学生在自主探究中形成深层理解，增强学习的内在动力，以提升创新能力和实践能力。同时，教学评价方式也应顺应这一理念，更加注重学生的探究能力、团队协作能力以及问题解决能力的发展，从而实现知行合一的人才培养目标。

（二）认知主义学习理论

基于 TPACK 的高中物理实验教学理论，在认知主义学习理论的指导下，强调学生在已有知识的基础上，通过主动探索建构新的认知结构。认知主义学习理论认为学习是一个主动加工和内化的过程，个体在知识获取过程

中，需要将新信息与原有知识网络建立联系，从而实现对知识的深层理解。TPACK 框架通过整合技术、学科内容与教学方法，为这一学习过程提供了有效支撑，使学生能够在动态交互的环境中构建系统性的物理认知。

在物理实验教学中，教师应充分分析学生的知识基础，并按照递进方式设计实验内容，合理运用现代信息技术优化实验过程，引导学生主动发现规律，形成科学的认知体系。通过探究式学习，学生能够在解决实际问题的过程中不断调整和完善自身的知识结构，从而实现对物理概念的深刻理解。此外，基于 TPACK 的教学模式能够有效突破传统教学中的难点，让学生在技术支持下获得更直观的实验体验，提升学生的认知效率和学习兴趣，从而推动物理学科核心素养的全面发展。

三、TPACK 框架的基本要素的设计

构建基于 TPACK 的高中物理实验教学框架，关键在于三种知识领域的有机结合与平衡，即物理实验内容知识、物理实验教学法知识和信息技术知识。物理实验内容的传授应注重知识的深度与广度的平衡，避免过于繁杂的知识点干扰学生对核心的理解；教学法的选取要根据教学情境的特点以及学生的认知发展进行合理配置；信息技术的选用应当根据其与教学目标和学生需求的契合度来确定。三者的有机结合应当基于教学的实际需求进行精心设计，以确保知识的传递更具针对性和有效性，以此提升学生的综合学习效果，最终实现教学质量的整体提升。

（一）高中物理实验内容知识

高中物理实验内容相对固定，是教材给定的章节内容，见表 5-1 所示[①]。

① 尹奇兵 . 基于 TPACK 的高中物理实验教学设计与实践 [D]. 武汉：华中师范大学，2019：19.

表 5-1　高中物理实验内容

教材	序号	实验名称	页码
必修 1	1	用打点计时器测速度	19
	2	探究小车速度随时间变化的规律	31
	3	探究求合力的方法	62
	4	探究加速度与力、质量的关系	71
	5	探究作用力与反作用力的关系	81
必修 2	6	研究平抛运动	11
	7	探究功与速度变化的关系	64
	8	验证机械能守恒定律	73
选修 1-1（文科）	9	探究产生感应电流的条件	47
	10	探究感应电流与磁通量变化的关系	48
	11	探究变压器两个线圈的电压关系	62
选修 3-1	12	探究变压器两个线圈的电压关系	47
	13	练习使用多用电表	67
	14	测量电池的电动势和内阻	70
	15	游标卡尺和螺旋测微器的使用	104
选修 3-2	16	探究变压器两个线圈的电压关系	41
	17	传感器的应用	62
	18	检测发光二极管	65
选修 3-3	19	用油膜法估测分子的大小	2
	20	探究气体等温变化的规律	18
选修 3-4	21	用双缝干涉测量光的波长	56
选修 3-5	22	探究碰撞中的不变量	2

表中是学生分组实验，其中，除仪器使用、操作训练等 4 个应用性实验不适合设计成探究性实验以外，验证性、测量性、研究性等其他 7 个类型的实验，都可以设计成探究性实验。能够实现绝大部分实验课程采用探究式教学模式。

在新一轮教育改革的背景下，实验教学的目标逐渐从单纯的知识传授转向能力培养，特别是对创新能力和综合素质的提升。物理学科作为自然科学的重要组成部分，其实验教学不仅是对基本原理和方法的传授，更应注重培养学生的探索精神和应用能力。现代物理实验教学应致力于推动学生从传统实验模式走向创新实践。具体而言，教学内容的拓展和创新要求学生不仅能够掌握和应用实验原理，还要能在实际操作中根据科学发展和技术进步进行实验装置的改良和优化。这种教学理念鼓励学生从理论中发现问题，从实践中寻找解决方案，从而培养其自主探索和独立思考的能力。因此，探究式教学模式在物理实验教学中的应用，能够充分满足这一教学目标。通过引导学生进行自主探究，不仅提升了他们的实验操作能力，还增强了他们在未知领域中进行探索和创新的自信心与能力。

（二）高中物理实验教学法知识

在当前的教育改革背景下，高中物理实验教学法的知识体系日益受到广泛关注，尤其是探究式教学模式的应用备受瞩目。探究式教学模式强调学生在学习过程中发挥主体作用，通过自主探究、分组讨论以及合作学习等方式，强化学生的参与感与实践能力，旨在提升学生的科学素养，尤其是科学探究能力。

探究式教学模式不仅是教师的知识传授，更是通过设计符合学科特点的实验活动，激发学生的兴趣与主动学习的积极性。在这一过程中，学生不再是知识的被动接受者，而是通过自主设计实验、分析实验结果、讨论解决方案等方式，逐步构建起其科学思维和实践能力。这种模式有助于培养学生的创新精神和批判性思维，使其能够在面对问题时，从多角度、多层次进行分析与思考。

在物理实验教学中，探究式教学模式的实施要求教师不仅具备扎实的学科知识和教学技能，还需具备较高的教学设计能力。教师应根据学生的认知水平与兴趣，合理规划实验内容和形式，并设计富有挑战性的实验任务，从而激发学生的探索欲望。同时，教师还需在实验过程中进行适时的指导和引导，帮助学生理清思路，发现实验中的关键问题，进而提升学生的科学探究能力。

探究式教学模式的成功实施离不开良好课堂氛围的营造。物理实验课堂应当充满互动与合作，使学生在实验过程中不仅能动手操作，还能通过团队协作、集体讨论等方式，分享和交流各自的发现与思考。教师要鼓励学生提出问题、探索解决问题的途径，并在此过程中给予适当的引导和反馈，帮助学生不断提升自身的实验技能和科学素养。

通过长期的实践与探索，探究式教学模式在高中物理实验教学中的应用

能够有效提升学生的实验操作能力和科学思维能力。随着教育改革的深入推进，这一教学模式必将对高中物理实验教学产生深远影响，尤其是在培养学生的科学探究能力和创新精神方面，探究式教学模式无疑将成为未来物理教育的重要方向之一。

（三）高中物理实验信息技术知识

信息技术的应用可以有效拓宽教学资源的获取途径，为学生提供丰富的学习材料和实验数据。通过网络平台，学生可以访问大量的学术资源和前沿科技成果，这为学生理解物理实验中的复杂概念和原理提供了支持。同时，信息技术也能促进教学内容的及时更新和传播，使学生能够更及时地接触到学科的最新进展，激发其对科学探索的兴趣和创新思维。物理实验本身具有很强的实践性与探索性，而信息技术的引入则为学生提供了更为多样化的实验操作方式，打破了传统实验设备的限制，增强了实验的互动性和趣味性。

在硬件技术方面，现代化的教学环境要求每个学生能够充分利用信息技术工具来进行实验探索。例如，平板电脑、电子白板等设备的使用，使得学生在实验过程中不仅能通过数字化方式记录和分析数据，还可以实时与其他同学共享数据并进行讨论，从而形成更为开放和互动的学习氛围。电子白板或投影仪的运用则可以有效地展示实验步骤、实验结果以及相关的理论知识，增强学生对实验过程和结论的理解，推动知识的内化与应用。

软件技术的支持是信息技术在物理实验教学中得以顺利实施的基础。网络平台、学习管理系统以及班级群聊工具的使用，使得信息的传播更加快捷和高效。学生能够通过在线平台共享实验心得、提交实验报告，并与教师和同学进行深入交流，促进知识的深度学习。同时，教师也能通过这些平台及时跟踪学生的学习进度和实验表现，对学生进行个性化辅导，确保每个学生都能在物理实验中充分发挥自身的潜力。

四、基于 TPACK 的物理实验教学设计方案

（一）高中物理实验教学的步骤

高中物理实验教学的过程是培养学生科学探究能力的重要途径，涵盖从问题的提出到结果的分享等一系列环节。该过程通过系统化的设计和实施，有效促进了学生物理思维的发展，提升了他们的实践操作能力，并为其未来的学术研究打下坚实的基础。

第一步，教师创设与实际生活紧密相关的问题情境，引发学生的思考和好奇心。这一环节的核心目的是激发学生对物理现象的兴趣，使学生主动关注和探讨物理世界的规律。通过情境的设定，教师帮助学生明确实验的目的和意义，进而提出相关的研究问题，为后续的实验探究奠定基础。在这一过程中，教师的引导至关重要，他们既要关注学生的兴趣点，也要保证问题具有一定的挑战性和探索价值。

第二步，在教师与学生共同探讨问题的过程中，教师应鼓励学生通过讨论形成猜想和假设。这一环节要求学生能够基于已有的物理知识，提出合理的假设，并进行逻辑推理与推测。在此过程中，教师不仅要引导学生准确分析实验问题，还需培养学生严谨的科学思维方式。通过教师的启发与引导，学生能够将理论与实践相结合，从而提高他们的分析、推理能力。

第三步，教师通过提供实验器材和相关资料，引导学生分组讨论并设计实验方案，或者提供已有的实验探究方案供学生参考。这一环节的关键在于培养学生的团队合作能力和实验设计能力。在实验设计过程中，学生不仅要考虑实验方案的可行性和科学性，还要注重实验步骤的严谨性和对实验条件的控制。教师应通过巡回指导，帮助学生克服实验设计中的困难，引导其深入思考实验的各个环节，从而培养学生解决实际问题的能力。

第四步，进入实验实施阶段，学生依据设计好的实验方案进行实际操作，并收集实验数据和证据。在实验过程中，教师应加强对实验过程的监控与指导，确保学生能够按照科学的步骤进行实验操作，避免出现实验操作上的偏差。学生在这一阶段通过亲自操作实验，能够更加深刻地理解物理理论与实际之间的关系，从而培养其动手能力和实践能力。同时，教师通过细致的指导与反馈，帮助学生及时纠正实验中的问题，促进其实验技能的提升。

第五步，实验结束后，学生将实验结果进行分享与交流，并在教师的点评和总结中进行反思。通过这一环节，学生不仅能进一步巩固实验所学内容，还能提高自己的表达与沟通能力。在教师的引导下，学生从多角度分析实验结果，比较不同小组的实验情况，进一步验证假设的正确性或局限性。在这一过程中，教师通过点评与总结，帮助学生从整体上把握实验的科学性和有效性，进一步强化其对物理概念和实验方法的理解。

（二）基于 TPACK 的物理实验教学流程

基于 TPACK 的物理实验教学流程的设计，旨在借助技术、教学法和学科

内容知识的协同融合，优化实验教学过程，提高学生的实验探究能力，促进学生对物理学科的理解。该教学流程的核心是让学生在积极参与和互动中，通过自我探索和合作学习，逐步深化对物理原理的认识，从而培养学生解决实际问题的能力。

第一步，课前准备阶段，学生需完成教师布置的任务，并将成果分享到群聊平台。这一阶段的关键在于激发学生的主动学习兴趣，并通过技术手段（如群聊平台）为学生搭建分享和交流的空间。学生在此过程中不仅能够展示自己对实验的理解，还能在群体讨论中感知到实验可能面临的困难与问题。

第二步，教师通过群聊展示各组的课前准备成果，并选取具有代表性的成果进行讨论。在此过程中，教师引导学生通过查阅相关资料，解决在准备过程中预想的疑难问题，并促进学生之间的互动与合作。借助网络和其他信息资源，学生能够在实时的反馈中找到解答方法，从而加深对物理实验相关概念的理解和应用。

第三步，教师结合学生的准备成果引入课题，并组织学生小组讨论，提出问题并进行猜想。这一环节的设计旨在培养学生的批判性思维能力，同时通过小组讨论的方式促进学生之间的知识共享。学生通过讨论与假设形成对实验课题的初步理解，且能够在此过程中学会如何提出问题，如何分析和预测实验现象，由此为实验的深入探索打下坚实基础。

第四步，教师点评各小组的猜想和假设，并引导学生分组讨论实验方法，设计各自的实验方案。通过绘制实验装置并分享到群聊，学生能够进一步完善自己的实验设计方案，并在此过程中提升自己实验设计的能力与科学思维。这一阶段强调的是实验的实践性和创新性，学生在不断优化实验方案的过程中，不仅加深了对实验原理的理解，还培养了独立思考和团队协作的能力。

第五步，教师通过群聊平台展示各组的讨论结果，并对每个实验方案进行点评，能够帮助学生发现并改进实验设计中的不足之处。这一反馈环节的关键在于通过集体智慧的碰撞，促使学生在教师的引导下发现潜在的漏洞，并进行有效的修正。

第六步，教师结合学校的资源，选择其中一个实验方案并组织学生进行实际操作。在动手实验过程中，教师需要巡视并拍照记录各组实验的关键细节及典型问题。这一阶段的核心在于将理论与实践相结合，通过动手实验让学生直观地感知到物理现象，并通过群聊展示实验过程中的亮点和问题，促使学生相互学习，以此提升学生的实验操作技能和问题解决能力。

第七步，各组通过群聊分享实验结果，并在教师的点评和指导下进行总结。这一环节不仅可以帮助学生总结实验中得出的结论，还通过教师的点评，进一步巩固和深化学生对物理概念的理解。通过这一集体学习和总结的过程，学生能够构建完整的知识框架，并能透彻地理解物理实验背后所蕴含的原理与逻辑。

第八步，学生反思课堂遗留问题，教师则布置课外活动，以延伸学生的学习视野，促进学生在课外继续进行自主探究。通过课外活动，学生能够在教学之外继续进行知识的积累与提升，从而实现对物理学科的深入理解和应用。

（三）基于 TPACK 的物理实验教学设计改进方案

1. 课前：学生参与、知识准备

在 TPACK 框架下，物理实验教学的有效性依赖于学生的自主探究和深度学习。因此，在课堂教学前应设计合理的课前参与和知识准备任务，这有助于激发学生的学习兴趣，提升课堂互动质量，并促进知识的深层次建构。在物理实验教学中，课前任务的合理安排能够帮助学生建立先前知识与新知识之间的联系，为课堂探究奠定基础。例如，在“探究加速度与力、质量的关系”实验教学中，若能在课前布置具有启发性的预习任务，如“测量物体运动加速度的方法”“测量合力的方法”“测量物体质量的方式”等，学生便能够通过查阅资料、使用实验模拟软件或开展小规模探究活动，寻找多种解答方案，并在小组讨论或在线平台上分享。这样的任务设计不仅使学生对实验内容形成初步认知，还能在讨论过程中发现问题、激发思考，从而在课堂上主动地参与学习。

借助 TPACK 框架，教师可利用数字化工具收集、分析并展示学生的课前任务成果，使课堂教学更加高效。同时，借助小组合作学习模式，学生可以通过任务成果的比较与完善，培养批判性思维与创新能力。此外，在课堂引入环节，教师可直接基于学生课前任务成果展开分析，引导学生思考核心问题，如“加速度如何受力与质量的影响”，从而实现从课前准备到课堂探究的自然过度。

2. 课中：内容拓展、思维创新

在 TPACK 框架下，物理实验教学不仅关注基本实验技能的掌握，更强调

学生的思维拓展与创新能力的培养。传统教材中的实验方案通常较为固定，而物理实验往往存在多种可行方案。因此，在课堂教学过程中，教师应引导学生探索多种实验设计路径，促进思维创新，并提升其对实验本质的理解。

在实验教学过程中，教师可以将实验内容拆解为多个关键问题，使学生以小组合作的形式独立思考、收集信息，并提出多种可能的实验方案。例如，在“探究加速度与力、质量的关系”实验中，教师可以引导学生进行分组讨论测量加速度、合力及质量的方法。各小组在自主研究的基础上，结合已有知识，设计不同的实验方案，并绘制实验装置图。随后，通过在线共享或课堂展示的方式，各组成员相互交流实验设计思路，教师则结合物理原理对各组方案进行评价与优化。这种基于多方案探究的教学模式，不仅有助于学生理解实验方法的多样性，还能使其在对比分析过程中形成批判性思维。不同小组的方案相互借鉴、融合，有助于学生在完善实验方案的过程中提升创新能力。同时，借助现代信息技术手段，如电子白板、虚拟实验平台等，学生可以更直观地理解实验装置的构造与测量方法，从而深化对实验本质的认识。

3. 课后：知识应用、自主活动

在 TPACK 框架下，物理实验教学不应局限于课堂内的实验探究，而应向课外实践延伸，以促进知识的迁移与应用。课后自主活动能够进一步巩固课堂所学知识，同时也培养学生的自主探究能力和实践意识，让物理学习更深入且充满趣味性。

课外活动的设计应遵循适量、适度原则，确保学生能够在合理时间内完成，并从中获得有效的学习体验。例如，在“探究加速度与力、质量的关系”实验结束后，可以安排学生利用日常生活中的物体，如自行车、滚动小球等，自主设计实验验证加速度的影响因素。同时，引导学生收集与课堂实验相关的数据，如测量不同质量物体在相同力作用下的运动状态，并通过计算与分析加深对实验结论的理解。此外，学生还可以通过查阅资料，探索历史上科学家对加速度与力、质量关系的实验方法，思考不同实验设计的优缺点，从而拓宽知识视野。

借助数字技术，教师可利用在线平台或虚拟实验软件，让学生在课后开展自主模拟实验，并在学习社区中分享实验过程与数据分析结果。这种模式不仅提升学生应用物理知识的能力，还能促进学生间的合作交流，使课后学习更具系统化。

第六章　高中物理实验教学数字化应用实践

高中物理实验教学的数字化应用实践依托信息技术手段，提升实验的精准度与可视化程度，为物理实验教学的创新发展提供有力的支撑。本章主要探究 Excel 在高中物理实验数据处理中的实践应用、Tracker 软件融合于高中物理教学的实践应用、Phyphox 软件在高中物理实验教学中的实践应用、几何画板辅助高中物理实验教学的实践应用、GeoGebra 软件在高中物理运动类习题教学中的实践应用以及 DIS 实验系统在高中物理实验教学中的实践应用。

第一节　Excel 在高中物理实验数据处理中的实践应用

Excel 具有强大的数据计算、图表分析和宏语言编程等功能。在高中物理教学中，运用 Excel 软件可以将晦涩、抽象的物理知识形象、直观的方式呈现，实现高中物理知识可视化，降低学生的思维难度，突破教学中的重难点，助力学生自主建构物理知识体系[①]。

一、Excel 的功能

Excel 凭借其强大的数据处理能力和用户友好的界面，被广泛应用于教育、管理、统计、金融、医学、科研等多个领域。在教育领域，Excel 的应用尤为显著，它被用于教育统计、教学管理及实验数据处理等方面，有效推动了教学质量的提升。Excel 的主要功能如下。

① 林丰．知识可视化在高中物理教学中的应用研究——以 Excel 作为知识可视化工具为例 [J]．中学物理，2022，40（19）：62-65.

（一）曲线拟合

Excel 的曲线拟合功能能够有效揭示数据间的数学关系，并为预测分析提供可靠支持。曲线拟合主要用于在已知数据点的基础上，通过建立最优数学模型，来描述变量之间的关系。根据变量间的关联特征，拟合可分为线性拟合和非线性拟合，其中最小二乘法是常用的数学方法，以最小化误差的方式优化拟合效果。在 Excel 中，用户可以在散点图上添加趋势线进行拟合，支持多种趋势线类型，包括线性、指数、对数和多项式趋势线等。

在实际应用中，Excel 利用 R^2 值（决定系数）衡量拟合优度，R^2 值越接近 1，说明拟合曲线与原始数据的吻合度越高，从而可据此选择最优趋势线。此外，Excel 的曲线拟合功能支持趋势预测，可通过延伸趋势线进行前瞻性数据分析，被广泛应用于科学研究、市场预测和工程计算等领域。通过拟合曲线分析，还可识别偏离趋势的数据点，以优化数据质量，减少误差，提高数据分析的准确性和可靠性。

（二）“自动重算”功能和误差计算功能

Excel 的“自动重算”功能与误差计算功能在数据处理中具有重要作用，极大地提高了计算效率与数据分析的准确性。在传统数据处理过程中，面对大量原始数据，每次更新数值后都需要重新手动计算所有相关值，不仅耗时且容易产生人为误差。而 Excel 的“自动重算”功能有效解决了这一问题，当原始数据发生变动时，基于公式计算的相关结果将同步更新，避免了重复计算的繁琐操作，从而提高了数据处理的即时性与精准度。该功能广泛应用于财务分析、统计计算和科学研究等领域，特别是在动态数据建模和多变量分析中，能够确保计算结果的实时性和一致性。

Excel 提供了多种误差计算函数，可用于数据精度评估和误差分析。例如，标准差函数可衡量数据的离散程度，均方差函数可用于评估误差的平均水平，绝对误差和相对误差计算则有助于分析测量值与真实值之间的偏差。这些误差计算方法能够帮助用户识别数据波动情况，优化计算模型，并改进数据采集和测量方式。在工程计算、实验数据处理以及质量控制领域，误差分析是确保数据可靠性的重要环节，而 Excel 的误差计算功能为此提供有力的支持。

二、数据处理基本方法

在高中实验教学中，实验数据的处理并非对实验测量结果的简单整理，更是对物理规律深入理解的重要环节。由于实验测量数据往往存在一定的误差和随机性，因此需要借助合适的数学方法进行处理，以确保实验结论的科学性和合理性。通过数据的统计分析、误差评估和函数拟合等方法，可以有效降低偶然误差对实验结果的影响，进而提高数据的可靠性和精确度。此外，合理运用物理模型进行理论分析，并结合实验数据进行比较，有助于加深对实验现象的理解，进一步揭示实验变量之间的内在联系。有效的方法是保障数据处理效果的关键，常见的数据处理方法如下。

（一）作图法

作图法是将原始测量数据通过坐标系统呈现，以图形直观地揭示物理量之间的关系。通过绘制适当的曲线或直线，作图法不仅能够帮助研究者清晰地观察数据变化的规律，还能够直观地呈现各物理量随时间或其他变量变化的趋势。在这种方法中，图形作为一种简洁的表示形式，能够有效地转化繁杂的数据，便于对实验结果进一步分析和解释。作图法的优势在于其能够通过图像快速揭示数据中的潜在模式，例如变化趋势、极值、转折点等关键信息，从而为后续的科学推导和预测提供依据。通过精确的图形分析，研究者可以判断物理量的变化规律，推测其发展趋势，并对相关变量之间的函数关系进行探讨。

1. 作图法的要求

作图法作为数据分析的重要工具，在实际应用中需遵循一系列严格的要求，以确保绘制出的图形具有科学性、准确性与可操作性。这些要求不仅会影响数据可视化效果，还对后续的数据解释与推导产生深远的影响。

（1）坐标纸的选择

坐标纸的类型应依据测量物理量之间的函数关系来选择。当函数关系不明确时，研究者通常使用不同类型的坐标纸进行试验，并选择最能反映数据规律的坐标系统。直角坐标纸是最常用的一种，适用于大多数情况。在选择坐标纸时，需注意若干细节，包括坐标线的均匀性、坐标纸的尺寸以及透明度等。这些因素会影响数据的表现和图形的可读性，必须充分考虑，以确保绘图过程中数据点与图线清晰、准确地呈现。

（2）坐标轴的确定

通常，横轴表示自变量，纵轴表示因变量，并在坐标轴的末端标注物理量符号和单位。选择合适的比例是确保图形呈现清晰的关键，纵、横坐标的比例应合理，避免图形变形，确保图线处于坐标纸的中央，以使数据的表达更加直观。在确定坐标轴时，需要精确设定每条坐标线所代表的数值大小，即确定分度值。合理的分度值设定应确保所有数据点均能准确落在坐标纸上，并避免数据点过于密集或分散。此外，分度值还应与原始数据的有效数字精度一致，以保证数据的精确性和可比性。

（3）坐标原点的确定

由于测量数据的最小值与最大值可能存在较大差异，因此在某些情况下，以坐标原点作为零点并不合适。此时，研究者可选择一个略低于最小值的数值作为坐标轴的起点，这一数值还必须满足坐标轴最小分度的要求。这种方式能够确保数据在图纸上合理分布，避免数据点过于集中或过于稀疏，影响图形的表现力。

（4）数据的描点

实验数据需用铅笔在坐标纸上精确标出，并用实心圆点表示。数据点的标记需精确与坐标轴交点对齐，以确保每个数据点的准确性。如果在同一张坐标纸上绘制多条实验图线，不同的图线应使用不同的符号加以区分。数据点的数量要足够，以便绘制出准确的实验规律图线。如果数据点过少，图线的规律性可能不明显，进而影响后续分析结果；尤其在变化较大的区域，需要增添更多数据点，以确保图线的光滑性和连续性。

（5）图线的绘制

连接数据点时，应使用直尺等绘图工具，避免将数据点直接连成折线图。作图时，应确保图线尽量光滑，无论是曲线还是直线，都要符合数据变化的规律。在绘制图线之前，研究者应大致判断数据点的变化趋势，以确定图线的大致形态。在绘图时，图线上的数据点应尽量均匀分布，且图线两侧的数据点数量应大致相等。对于偏离曲线较远的个别数据点，研究者应核查其准确性，如果确认是误差所致，则应舍弃，避免对图形造成干扰。

2. 通过作图法来解物理量之间的关系

运用数学函数图像的解析方法对绘制出的实验图像进行分析，是探究物理量之间定量关系的重要手段。实验图线分为直线和曲线两类。

（1）直线型实验图

若实验图线为直线，说明自变量和因变量之间呈现线性关系，满足直线方程 $y=kx+b$（其中 x 是自变量，y 是因变量，k 是斜率，b 是截距），只要建立方程求出 k 和 b，就可以知道两个物理量之间的定量关系。

可以在直线上取两点 $M(x_1, y_1)$ 和 $N(x_2, y_2)$，这两点一般不取直接测得的数据点。为便于计算，两点坐标值最好为整数；为减小误差，应在实验范围内选取相距尽量远的两点。由解析几何斜率的求法可知，斜率为 $k=\dfrac{y_2-y_1}{x_2-x_1}$。其截距 b 为 $x=0$ 时的 y 值，如果原直线从图形上不能直接得到 $x=0$ 时 y 的值，可延长直线使其与 y 轴相交，即可得到截距。如果直线起点不为零，也可以由式（6-1）求出截距。将斜率和截距的数值代入方程中，就可以得到经验公式。

$$b=\frac{x_2y_1-x_1y_2}{x_2-x_1} \tag{6-1}$$

（2）曲线型实验图

在实验分析过程中，若自变量与因变量之间呈现非线性关系，如抛物线、双曲线、指数曲线或对数曲线等形式，意味着二者的关系无法直接通过简单的线性模型描述。为此，常采用坐标变换的方法，将复杂的非线性关系转化为易于分析的线性关系。这种转换通过调整坐标系统，使原本复杂的曲线变为直线，从而简化数据的解析过程，提高模型的可操作性与精确度。但是在进行坐标变换时，要注意变换后直线的斜率和截距分别表示的含义。例如：在测定单摆周期 T 的实验中，根据周期公式可知周期 T 和摆长 L 之间的关系是非线性的，单摆的周期公式如下：

$$T=2\pi\sqrt{\frac{L}{g}} \tag{6-2}$$

若绘制 T^2-L 图像，则可将其转化为直线型，转换后为：

$$T^2=\frac{4\pi^2}{g}L \tag{6-3}$$

相应的斜率为：

$$k=\frac{4\pi^2}{g} \tag{6-4}$$

（二）逐差法

逐差法适用于自变量等间距变化的情况。在应用逐差法时，需将实验数据根据自变量的顺序进行排列。若数据组数为偶数，则将数据平均分为两组，随后对两组中对应位置的数据项进行逐项相减，从而得到因变量与自变量之间的差值关系；若数据组数为奇数，则应舍弃中间的数据项，对剩余数据进行逐差计算。该方法尤其适用于自变量与因变量呈线性关系，或因变量与自变量存在多项式函数关系的情形。逐差法通过消除冗余计算，能够有效揭示数据中的内在规律，并提供一种简单有效的分析手段。

以线性关系为例，若两物理量之间的函数关系为 $y=kx+b$，且自变量以 d 为间距递增，则可测得 $2n$ 组实验数据，分别为（x_1，y_1），（x_2，y_2），……，（x_n，y_n），（x_{n+1}，y_{n+1}），……，（x_{2n}，y_{2n}）

若采用算术平均值法计算，即通过后一项减前一项来求斜率，方法如下：

第二项减第一项：x_2-x_1，y_2-y_1，可得：

$$k_1=\frac{y_2-y_1}{x_2-x_1} \tag{6-5}$$

第三项减第二项：x_3-x_2，y_3-y_2，可得：

$$k_2=\frac{y_3-y_2}{x_3-x_2} \tag{6-6}$$

第 m+1 项减第 m 项（$1\leqslant m\leqslant 2n\text{-}1$）：$x_{m+1}-x_m$，$y_{m+1}-y_m$ 可得：

$$k_m=\frac{y_{m+1}-y_m}{x_{m+1}-x_m} \tag{6-7}$$

取平均值得：

$$\bar{k}=\frac{1}{2n-1}\sum_{m=2}^{2n-1}k_m=\frac{1}{2n-1}\sum_{m=}^{2n-1}\frac{y_{m+1}-y_m}{x_{m+1}-x_m} \tag{6-8}$$

又有：

$$x_{m+1}-x_m=d \tag{6-9}$$

所以有：

$$\bar{k}=\frac{1}{(2n-1)d}\sum_{m=1}^{2n-1}y_{m+1}-y_m=\frac{1}{(2n-1)d}\left(y_{2n}-y_1\right) \tag{6-10}$$

这样的计算方式实际上变成了因变量的末项减首项，中间项的数据没有得到利用，显然会导致较大的误差。

若采用逐差法计算，将 $2n$ 组实验数据分成两组，前面 n 组为第一组，后面 n 组为第一组：

第一组数据：（x_1，y_1），（x_2，y_2），……，（x_n，y_n）

第二组数据：（x_{n+1}，y_{n+1}），（x_{n+2}，y_{n+2}），……，（x_{2n}，y_{2n}）

依次用第二组数据的自变量与因变量分别减去第一组对应位置数据的自变量与因变量，即隔 n 项相减，可求得斜率和截距，具体过程如下：

第一项相减：$x_{n+1}-x_1$，$y_{n+1}-y_1$，可得：

$$k_1=\frac{y_{n+1}-y_1}{x_{n+1}-x_1} \tag{6-11}$$

第二项相减：$x_{n+2}-x_2$，$y_{n+2}-y_2$，可得：

$$k_2=\frac{y_{n+2}-y_2}{x_{n+2}-x_2} \tag{6-12}$$

第 i 项相减（$1\leqslant i\leqslant n$）：$x_{n+i}-x_i$，$y_{n+i}-y_i$，可得：

$$k_{n+i}=\frac{y_{n+i}-y_i}{x_{n+i}-x_i} \tag{6-13}$$

取平均值得：

$$\overline{k}=\frac{1}{n}\sum_{i=1}^{n}k_{n+i}=\frac{1}{n}\sum_{i=1}^{n}\frac{y_{n+i}-y_i}{x_{n+i}-x_i} \tag{6-14}$$

又有：

$$x_{n+i}\text{-}x_i=nd \tag{6-15}$$

所以有：

$$\overline{k}=\frac{1}{n^2d}\sum_{i=1}^{n}y_{n+i}-y_i \tag{6-16}$$

截距为：

$$\overline{b}=\overline{y}-k\overline{x}=\frac{1}{2n}\left(\sum_{p=1}^{2n}y_p-k\sum_{p=1}^{2n}x_p\right)\ (1\leqslant p\leqslant 2n) \tag{6-17}$$

逐差法的优势在于，在处理每个测量数据时都能充分利用数据信息。例如在计算小车加速度时，就是利用逐差法处理纸带上的点，从而有效减小实验误差。

（三）列表法

列表法能够将实验数据按照一定规律进行系统整理和归纳，从而提高数据分析的科学性和规范性。在实验教学过程中，列表法不仅能直观呈现物理量之间的对应关系，还能通过数据的有序排列方式揭示其变化趋势，为进一步分析奠定基础。通过合理设计表格，能够提高数据记录的准确性，避免遗漏或错误，确保实验结果的可靠性。

在列表法的运用中，表格的设计至关重要。合理的表格布局能够优化数据展示，使数据的排列更有条理，有助于数据对比和规律总结。物理量的表示需遵循标准化规模，采用统一的符号和单位，并保持数值格式的规范性，以减少计算和分析过程中的误差。此外，还需保持数据有效数字的一致性，确保小数点位置统一，这样不仅能增强数据的可读性，还能提高实验结果的精确性和可重复性。

在数据记录过程中，原始数据与计算数据的分类整理是提高数据处理质量的重要环节。清晰地区分数据有助于溯源和验证，避免因数据混淆而影响实验分析的准确性。同时，表格中也应包含必要的附加信息，如实验条件、数据来源等，以确保数据的完整性，为后续分析提供可靠依据。科学合理地应用列表法，能够有效提升实验数据的整理效率和分析深度，进一步增强实验教学的严谨性和科学性。

（四）最小二乘法

最小二乘法被广泛应用于物理实验和科研工作中，尤其在处理实验数据方面发挥着重要作用。其基本思想是通过数学模型拟合数据，最小化模型预测值与实际数据之间的误差平方和，从而得到一个最佳的拟合函数。最小二乘法具有高度的理论性和计算复杂性，需要运用较为复杂的公式进行处理，这对于非专业人士而言，具有一定的操作难度。然而，随着计算机技术的迅猛发展，借助计算机强大的数据处理和存储功能，最小二乘法得以有效地应用于实际实验中，成为数据分析的常用工具。

现代数据处理软件，如 Excel，已集成了最小二乘法拟合功能，这使实验数据的处理变得简便且高效。通过内置的数学函数，用户可以在 Excel 中快速进行线性拟合、非线性拟合等多种数据拟合，这极大地降低了手动计算的复杂性，并减少了人为产生的误差。此外，利用 Excel 进行数据处理不仅能减少实验误差，还能加快实验数据的分析速度，提升数据处理的准确性和可靠性。在高中物理教学中，学生若能掌握这种现代化的数据处理方法，不仅可以提升自身的数据分析能力，还可以提高在实际操作中解决问题的能力。

最小二乘法的应用在实验教学中具有深远意义，通过引导学生掌握这种方法，教师能够促进学生的思维发展，激发其探究精神和创新思维。学生在处理实验数据的过程中，不仅能更好地理解物理规律，还能够培养其系统思维和数据分析的能力，从而为将来更复杂的科学研究打下坚实基础。

三、Excel 处理实验数据教学的实践效果

（一）有利于提高学生的科学素养

科学素养不仅是衡量个人与社会互动的重要指标，更是评估国家整体创新能力的关键要素。随着信息技术的迅速发展，将计算机技术与学科教育相结合成为提升学生科学素养的重要途径。在物理实验教学中，Excel 的应用不仅为学生提供了系统的思维训练机会，而且为学生科学思维的培养提供了实践平台，从而有效促进了学生科学素养的提升。

Excel 在实验数据处理中的应用，使学生能够在实践中深入理解科学数据的收集、分析与应用过程。物理实验中，数据的采集与分析是学生验证理论知识与实际现象的桥梁。Excel 通过简便的图表生成和数据处理功能，使学生能够在较短时间内完成复杂的计算任务，从而将学生从烦琐的计算中解放出来，得以将更多的精力集中于实验现象的分析与推理上。通过对实验数据的整理与分析，学生能够提升对物理规律的理解，不仅掌握数据处理的方法，也提升了他们的逻辑思维与批判性思维能力。

Excel 的使用契合信息社会发展的需求，同时增强了学生对现代科技的适应能力。信息技术的迅猛发展已深刻影响了各行各业，教育领域同样面临将信息技术与学科教学有效融合的挑战。通过使用 Excel 处理实验数据，学生不仅掌握了基本的数据分析工具，而且提高了在科学研究中应用信息技术的能力。这种能力的培养，对学生未来的职业生涯具有深远影响，能够帮助他们更好地适应日益数字化与信息化的社会。

Excel 的使用能帮助学生形成科学的思维方式。在数据处理过程中，学生必须理解并掌握如何有效地将实验数据转化为可视化的信息，如何通过图形拟合分析数据的趋势和规律。这一过程不仅要求学生掌握数学和物理的基础知识，更要求他们具备清晰的思维与推理能力。学生通过 Excel 进行数据处理，能够更加明确地认识物理实验中存在的不确定性和误差，从而培养了他们的科学严谨性与批判性思维能力。在这一过程中，学生逐渐建立起对科学方法的认识，并能够运用这些方法来解决实际问题，进一步促进其科学素养的提升。

（二）有利于加强对学习过程的重视

随着教育观念的更新，学习过程逐渐成为知识传授与能力培养的核心部分。Excel 在物理实验教学中的应用，让学生不仅关注实验结果，还关注数据处理的过程，从而加强了他们对学习过程的重视。通过 Excel 进行数据处理，让学生不仅掌握了如何输入和计算数据，还理解了数据背后的物理意义，以及数据分析所揭示的规律。

对学习过程的重视可以促进学生对知识的深入理解。在 Excel 的使用过程中，学生通过分析实验数据，逐步形成对实验结果的认知，理解数据背后所隐含的物理概念和原理。不同于传统的知识传授，Excel 教学鼓励学生在探索中发现问题、提出假设并验证假设。学生通过处理数据的每一个环节，逐步将抽象的知识转化为具体的应用，从而不断加深对学科本质的理解。因此，学习过程不仅是知识获取的途径，也是知识深度加工的过程。

Excel 数据处理教学强调了学习的自主性与合作性。在这一过程中，学生不仅需要独立完成数据处理任务，还要与同伴进行讨论与交流。在团队合作中，学生相互分享处理方法，并探讨数据分析中的难点，共同寻找最佳解决方案。这种学习方式促进了学生的合作精神和团队意识，同时也增强了学生对学习过程的自觉性。在探索问题的过程中，学生不仅能发挥自己的创造性，还能从他人的思路中获得启发，从而拓宽自己的认知视野。

重视学习过程有助于学生科学素养的全面提升。在物理实验中，数据处理不仅是得出结论的重要手段，更是学生进行科学探究的重要途径。通过 Excel 处理实验数据，学生不仅学到了如何运用数学工具解决实际问题，还锻炼了其科学探究的能力。学生在数据处理的过程中，培养了对实验结果的质疑精神和求证意识，这有助于他们在未来的学术生涯中养成更加严谨的科研态度。同时，学生在这一过程中获得的认知情感体验，也有助于促进他们对科学的热爱与追求，进一步激发他们探索未知领域的动力。

（三）有利于培养学生问题意识和分析解决问题的能力

问题意识是学生主动学习的驱动力，能够激发学生的探索欲望，使他们能够自主识别并提出学习中的关键问题。在 Excel 数据处理的教学过程中，学生通过观察实验数据，逐步培养起对数据背后规律的感知能力。这种感知能力促使学生在处理数据时，能够主动提出疑问，如数据之间的关系、拟合度的准确性及其物理含义等。这些问题不仅是对课堂内容的追问，更是学生思维深度与批判性思维的体现。学生在学习过程中主动提出问题，实际上是他们在构建自己的认知框架，这推动了学习的深度与广度。

Excel 数据处理教学有助于学生在实际问题中培养系统性思维。通过数据的整理、分析和可视化过程，学生不仅能够学习如何应用数学工具来分析实验数据，还能够逐步提高其逻辑推理和分析能力。在数据处理过程中，学生需要反复思考，判断不同数据处理方法的有效性，并通过比对和验证得出结论。这一过程有助于学生形成严谨的思维方式，并培养他们在面对复杂问题时，不再依赖经验和直觉，而是依据实证进行科学的推理与判断。在此过程中，学生分析与解决问题的能力得到显著提升。在 Excel 数据处理的过程中，学生不断分析数据的变化，逐步掌握如何从数据中提取信息，如何对复杂问题进行拆解，进而提出清晰的解决思路。

解决问题的过程不仅是寻找正确答案，更是涉及多角度思考、归纳总结和推理演绎的过程。在面对实验数据的多样性与复杂性时，学生能够学会灵活运用所学的知识，调整策略并多次验证，最终找出解决方案。这种反复推敲与不断优化的过程，不仅培养了学生的分析思维能力，还强化了他们在实际情境中灵活应变的能力。

第二节　融合 Tracker 软件的高中物理教学的实践应用

一、高中物理教学融合 Tracker 软件的原则

教学原则是有效进行教学所必须遵循的基本准则，对教学中的各项活动起着指导和制约的作用。它既指导着教师的教，也指导着学生的学，贯穿于整个教学过程。融合 Tracker 软件的高中物理教学是一种创新的信息化教学形式，要使其做到创新而不滥用、高效而不繁琐、激发兴趣而不乏味，除了必须遵循传统教学原则外，还要充分贯彻以下教学原则。

（一）基础性原则

在教育活动中，基础性原则旨在确保所有学生都能够在教学过程中获得切实的支持和发展，从而实现教育的普遍性和全面性。该原则不仅关注知识的基础性和普遍适应性，还强调技术操作的易用性和高效性，进而确保学生能够在各类教育环境中有效学习。

基础性原则要求教学内容具有普适性与基础性。教育应面向全体学生，确保每一个学生都能够在其能力范围内接受适宜的教学内容。因此，教学内容的设置应考虑学生的认知发展水平，力求简明易懂，规避过于复杂的理论或过高的技术难度。教学内容的选择要尊重学生的学习起点，并注重基础知识的传授和理解，使学生能够在此基础上逐步拓展更高层次的学习。

基础性原则要求技术操作具备易用性和直观性。在教育信息化的浪潮中，信息技术的应用已成为教学的重要组成部分。对于高中阶段的学生，教学工具和技术操作应简易、易学，避免过于复杂的技术操作增加学生的认知负担。

（二）辅助性原则

辅助性原则要求信息技术手段的应用必须从传统教学为基础，旨在优化教学过程并增强学习效果。信息技术应当发挥其优势，弥补传统教学中可能存在的不足，而非试图完全替代或超越传统教学方法。传统教学所具备的互动性、情感交流和教学的连贯性等特点，依然是教育不可或缺的重要元素，信息技术只能在此基础上进行补充，提升教学的效率与多样性。

信息化手段的选择与应用必须依据教学内容和学生需求进行合理设计，避免形式化、机械化的技术应用，应注重其对教学目标的实际支持作用。因此，信息技术的应用应当具有针对性和可操作性，以确保其在教学中真正发挥辅助作用。

（三）激趣性原则

在信息化教学的背景下，如何有效激发学生的学习兴趣和动机，已成为提升教学质量的关键。该原则强调，教育活动中的各类教学手段和方法都应能够激发学生的好奇心和学习积极性，从而调动其主动学习的动力。激趣性原则要求教师在教学设计和方法选择过程中，应充分考虑学生的兴趣与需求，通过提供富有吸引力的学习内容和形式，有效地增强学生对知识的渴望，从而促进其深度学习。在信息化教学中，现代技术手段的运用不仅是为了教学的便利性，更应注重如何通过这些技术手段来增强教学的互动性和趣味性，让学生在享受学习的过程中实现知识提升。

激趣性原则强调教学工具和技术应当具备高度的参与性与探索性，以促进学生对学习内容的主动思考与实践。在信息化教学环境中，合理选择和运用具有可操作性和可视化效果的教学工具，可以有效地激发学生的探索欲望，进而提升其学习动力。这种主动的学习态度有助于培养学生的创新思维和解决问题的能力，使其能够在更广阔的学习领域中取得成功。

二、Tracker 软件在高中物理教学中的应用——自由落体为例

Tracker 软件能够精确记录物体的位置信息，实时追踪物体的运动状态，包括其位置坐标、速度、加速度等基本物理量。此外，Tracker 软件还支持用户根据实际研究需求，定义并添加新的物理量，这增强了其应用的灵活性与多样性。通过丰富的数据分析功能，软件可以根据需求生成相关的关系曲线，并对其进行深入分析。同时，统计功能可提供有价值的汇总信息，如最大值、最小值和平均值，为后续的研究提供量化依据。Tracker 软件能够从定性分析到定量研究，全方位支持运动性质的准确判定，极大地提升了物理实验与研究的效率与精度。

在“自由落体运动”教学中，可以借助 Tracker 软件探究自由落体运动的规律。将小钢球由静止开始自由下落的运动视频导入 Tracker 软件中，

可以分析小钢球的位移—时间图像，通过“抛物线拟合”功能得到拟合方程为 $y=At^2+Bt+C$，其中 A=4.864，B=0.08116，C=0.005979。根据 $x=v_0t+\frac{1}{2}at^2$，可知小钢球的运动是匀加速直线运动，并且加速度大小为 $a=2A=9.728\text{m/s}^2$。此外，还可以引导学生思考拟合方程的一次项系数 B 与常数项 C 不为零的原因。另外，分析小钢球的速度—时间图像，通过“线性拟合”功能，得到拟合方程为 $\upsilon=9.679\,t-0.08549$，再结合匀变速直线运动的速度—时间公式 $\upsilon=\upsilon_0+at$，也可以判断出小钢球的运动性质为匀加速直线运动，加速度为 9.679m/s^2。

以自由下落的小钢球为研究对象，借助 Tracker 软件，还可以验证机械能守恒定律。软件自带的物理量有动能 E_k，但是没有重力势能 E_p 和机械能 E。因此，在软件中编辑新物理量的名称及其表达式，将释放点定义为零势能点，则 $E_p=-mgh$，$E=E_k+E_p$。借助软件记录小钢球的机械能 E 随时间 t 变化的数据，如表 6-1 所示①。由此可知，在小钢球自由下落的过程中，机械能近似保持不变，验证了机械能守恒定律。

表 6-1　小钢球的机械能 E 随时间 t 变化的数据

	t/s	E/J
0	0.035	0.033
1	0.035	0.033
2	0.07	0.042
3	0.105	0.1
4	0.14	0.054
5	0.175	0.04
6	0.21	0.039

① 徐婷婷 . Tracker 软件在高中物理实验教学中的应用 [J]. 中学物理教学参考，2022，51（23）：65-67.

第三节　Phyphox 软件在高中物理实验教学中的实践应用

教学设计是教师创造性工作的成果体现。教师需在全面分析学情的基础上，进行实验课程设计，并以物理核心素养为指导确定教学目标，明确教学重难点，制定相应的实验方案，展开教学活动设计，最后反思在实验课程设计中的不足之处。下面以 Phyphox 软件为核心构建高中物理实验教学模式。

一、基于 Phyphox 软件的“自由落体运动”教学设计

（一）确定教学目标

在物理观念维度，要帮助学生系统构建对自由落体运动本质的认知框架，明确其作为初速度为零的匀加速直线运动的特殊形式，精准把握重力加速度的物理内涵及其矢量特性，从而形成运用运动学规律解决垂直方向实际问题的思维模式。在科学思维层面，应通过对不同介质中物体下落现象的对比观测，运用控制变量法剥离非本质因素，揭示重力作为唯一决定性作用力的科学本质，培养基于实证的归纳推理能力。在科学探究领域，需要借助 Phyphox 等现代信息技术工具开展重力加速度的精密测量实验，深入理解实验设计原理与误差控制方法，熟练掌握数字化实验系统的操作规范，体会现代科技对物理研究范式的革新作用。在科学态度与责任培养方面，应倡导基于生活情境的实验创新设计，通过智能手机等便携设备的实验功能开发，强化物理知识与现实世界的联结，培育学生严谨求实的科学精神与社会责任感。

（二）分析教学重难点

本课程的核心教学目标聚焦于自由落体运动规律的认知建构，要求学生在掌握匀变速运动一般规律的基础上，建立自由落体运动的特征模型，形成运用运动学公式解决实际问题的能力。教学难点在于引导学生完成科学探究的完整过程，需要引导学生完成从实验方案设计、数据采集处理到规律归纳验证的全过程，特别是通过创新实验手段实现重力加速度的精确测量，突破传统教学中对理想化条件的过度依赖，培养其在真实情境中发现问题、解决

问题的实践能力。

（三）制定实验方案

自由落体运动是自然界普遍存在的运动形式，揭示其本质特征需实现理想化条件与实证研究的辩证统一。实验设计应聚焦于空气阻力影响较小条件下的运动学特征分析，通过对比实验来验证不同质量物体在相同地理条件下加速度的等效性。需特别关注重力加速度的时空分布特性，引导学生理解地理纬度与海拔高度对重力场强度的影响机制。课程标准明确要求通过实验探究构建自由落体运动的概念体系，教材实验体系中将重力加速度测定作为深化运动规律理解的关键环节。这要求教学设计整合传统实验方法与数字化技术手段，构建包含数据采集、误差分析、模型验证的完整探究过程，促进学生对运动本质的深度认知与科学思维的发展。

1. 实验优化

在传统的自由落体运动实验研究中，普遍采用打点计时器在纸带上记录物体自由下落产生的点迹，随后运用逐差法计算重力加速度值。然而，该实验方法存在明显不足：实验仪器的安装步骤繁杂，纸带点迹的处理过程也较为不便；同时，空气阻力以及纸带与打点计时器之间的摩擦力等因素，亦会对实验结果的准确性造成一定影响。此外，由于实验需依赖特定场地开展，这也一定程度上限制了学生课后自主进行实验探究的空间。

为克服上述局限，研究人员进行了创新性设计。具体而言，将物体置于预设位置，借助 Phyphox 软件的声学秒表功能精确测量物体自由下落的时间，再依据匀变速直线运动的公式计算物体下落过程中的重力加速度值，并通过误差分析确保实验结果的可靠性。此外，《自由落体运动》教材的相关实践板块也提出了一种新方法，即利用智能手机加速度传感器测量物体自由下落的重力加速度值，通过安装智能手机应用商城中的相应软件，使智能手机参与自由落体运动实验，进而分析软件呈现的实验图像并处理实验数据。

实验对比表明，采用 Phyphox 软件进行重力加速度测定相较于传统打点计时器方法具有显著优势。Phyphox 软件实验不仅仪器获取便捷，操作过程简便，而且数据处理高效。这种改进后的实验方案，有助于学生构建运动与相互作用的物理观念，进一步提升学生的科学探究能力，为物理实验教学提供了更为积极有效的实施路径。

2. 实验原理和装置

物体从高处下落，做自由落体运动的高度为 h，从静止到落地的时间为 t，根据匀变速直线运动的规律，二者间的关系为：

$$h=\frac{1}{2}gt^2 \tag{6-18}$$

所以，计算物体重力加速度的公式为：

$$g=\frac{2h}{t^2} \tag{6-19}$$

实验中需要测得的物理量为物体自由下落的高度 h 和下落过程运动的时间 t，进而依据公式求得重力加速度 g。由于在传统实验中，用打点计时器测量砝码做自由落体运动的高度存在误差，物体下落过程过于短暂，使得实验中对物体下落过程的时间测量精度不够。反之，利用智能手机内置的声音传感器，通过 Phyphox 软件的声学秒表功能，根据铁棒敲击钢尺产生的响度和钢球落地时产生的响度，能够准确计算钢球在整个运动过程的时间。

实验所需器材有：一部装有 Phyphox 软件的智能手机、一个钢球、一根铁棒、一把钢尺、一个卷尺、五本物理教材。

3. 实验操作步骤

（1）用五本物理教材将钢尺固定在椅面，防止钢尺在实验过程中发生位移。随后，将钢球准确放置钢尺预设孔洞处，确保钢球处于静止平衡状态。待实验装置组装完成后，用卷尺对钢球至地面的垂直距离 h 进行精确测量，为后续数据分析提供基础数据。

（2）为营造理想的实验环境，需最大限度降低环境噪声干扰。开启 Phyphox 软件的音频频谱分析模块，对实验场所的背景噪声进行实时监测，以此来获取环境噪声的本底数值，为后续信号识别提供参照。

（3）将智能手机放置在钢球预期落点的侧方安全区域，避免设备受到冲击。调整智能手机麦克风朝向，使其对准钢球落地区域，确保声波信号能被有效接收。启动 Phyphox 软件的声学计时模块，根据环境噪声特征设置合理的触发阈值与信号持续时间参数，提高事件识别精度。

（4）实验采用双人协同操作模式：操作员 A 通过软件界面启动声学计时系统，操作员 B 同步敲击钢尺。当钢球完成自由落体运动并静止后，操作员 A 立即停止计时，完整记录钢球下落时间。

（5）通过五次重复性实验获取多组有效数据，根据自由落体运动理论公式计算重力加速度数值，最终通过统计平均方法得出具有统计意义的实验结果。

4. 实验结果

借助智能手机集成的声学传感系统，结合 Phyphox 软件的高精度时频分析功能，测得钢球自由落体运动的重力加速度值为 $g\approx9.73\text{m/s}^2$。该实验数据与理论标准值的偏差处于极小范围，这充分验证了实验方案的科学性与测量系统的可靠性。本实验设计理论模型简明，操作流程规范，测量结果稳定可靠，为物理实验教学提供了具有示范意义的参考范例。

二、基于 Phyphox 软件的“弹力”教学设计

（一）确定教学目标

在物理观念维度，需帮助学生系统构建形变本质的认知框架，明确区分弹性形变与塑性形变的物理特征，深入解析弹力产生的力学机制及其作用条件，精准把握胡克定律的数学表达形式，并透彻理解劲度系数所表征的材料弹性属性。在科学思维层面，应合理运用 Phyphox 软件的数字化测量功能，将微观尺度下的形变过程可视化呈现，并通过转化测量量与放大效应的物理方法，培养科学探究中的抽象建模与逻辑推理能力。在科学探究实践方面，需依托 Phyphox 软件开展系统性实验观测，直观呈现刚性材料在受力作用下的微观形变特征，结合弹簧系统的定量实验，通过数据采集与图像分析，自主推导胡克定律的数学关系，进而形成完整的实验数据处理方法。在科学态度与价值观培养上，应借助直观的实验现象，引导学生建立“万物皆可形变”的物理直觉；通过精密测量技术的实践应用，培育严谨求实的科学态度，同时感悟现代信息技术对物理实验范式变革的推动作用。

（二）分析教学重难点

本课程的教学核心聚焦于弹力概念的深化与拓展，要求学生在已有认知基础上，建立多场景下弹力存在性的判断标准，以形成矢量化的弹力方向分析能力；并通过控制变量实验，系统探究弹簧形变量与弹力间的定量关系，最终实现对胡克定律数学表达式的深度理解。教学难点突破需着重解决两方面问题：一是微观形变现象的观测技术，需通过光学放大与信号转换等物理

方法，将不可见形变转化为可测量物理量；二是实验探究能力的系统培养，需在小组合作模式下，引导学生完成从实验设计、数据采集到规律归纳的完整认知过程，特别要强化学生对胡克定律中比例系数物理意义的建构以及弹性限度概念的实验验证。

（三）制定实验方案

形变现象作为物质的基本属性，在宏观尺度表现为橡皮泥的塑性流动与海绵的弹性凹陷，其本质均为外力作用下物质微观结构的重构。物理学视域下的形变具有明确的分类标准：塑性形变对应不可逆的结构破坏，弹性形变则体现可逆的能量储存机制。在教学实践中，针对金属等刚性材料的微观形变难以直接观测，因此需构建基于现代传感技术的实验系统，运用光杠杆放大原理与电信号转换技术，将纳米级形变转化为可视化数据。此类实验设计不仅承担着验证物理定律的教学功能，还蕴含着模型建构、误差分析等科学思维方法。通过数字化实验平台的操作实践，可有效促进学生物理观念的内化、科学思维的进阶以及科学探究能力的全面提升，最终形成具有学科特质的科学素养结构。

1. 实验优化

在传统微小形变实验中，通常借助桌面受外力作用产生的微小形变，再通过桌面上激光笔反射光线的偏转，使钢尺上反射光线位置下移，以此证实桌面发生微小形变。然而，该实验操作存在明显局限，难以精准控制施加于桌面的外力大小。若外力过小，激光位置变化微弱，实验效果将显著降低。此外，实验演示过程难以兼顾各个角度的学生，导致部分学生无法清晰观察到实验现象。为克服这些弊端，本研究对实验方案予以优化，采用 Phyphox 软件的斜面功能来测量木板在受外力作用时产生的微小形变。在优化后的实验中，能够精确控制施加于木板的外力大小，使光线在钢尺上的位置变化更为显著，从而有效提升实验效果。同时，借助该软件的远程功能，可将实验过程与现象通过计算机完整呈现，确保全体学生能观察到木板产生的微小形变。

对比传统实验与优化后的实验，运用 Phyphox 软件观察木板微小形变，更有利于学生进行实验观察。其操作更为便捷，实验效果也更为直观，有助于学生深入理解微小形变的物理概念，切实培养学生的物理思维。

2. 实验原理和装置

当物体表面受到外力作用时，会产生一定程度的凹陷，与原本所处的水平面形成倾斜角度。在本实验中，利用 Phyphox 软件的斜面功能，能够精确测量木板在受到竖直方向作用力时，上下方向倾斜角度的变化情况，进而推断出木板发生了微小形变。相较于传统实验，此实验设计能够有效控制外力大小，便于学生观察木板在受力状态下产生的微小形变。Phyphox 软件的斜面功能界面，能够清晰显示木板在不同受力大小下倾斜角度的具体数值。同时，激光笔照射在钢尺上的光线会随着外力的变化产生明显的位置移动，使实验效果更加直观清晰。

本实验所需器材包括：一部装有 Phyphox 软件的智能手机、一个 U 型置物架、一把钢尺、一块规格为 30 × 45 × 0.3cm 的木板、一个装有沙子且总质量为 180g 的透明塑料盒、一个激光笔、一个激光笔支架、六块每块质量为 200g 的砝码以及一个卷尺。

3. 实验操作步骤

在实验准备阶段，需将木板稳妥安置于 U 型置物架上，随后将智能手机与透明塑料盒分别置于木板的两侧，以确保实验装置的对称性与稳定性。激光笔应被精确安装于激光笔支架上，并放置于智能手机一侧的木板旁，确保其光线能准确投射。同时，钢尺需被牢牢固定于激光笔的对面，作为光线投射与位置记录的关键参照。

为确保实验数据的实时采集与远程操控的便捷性，需将智能手机与计算机连接至同一网络，并开启 Phyphox 软件的斜面功能，同时勾选远程控制选项，为实验的开始做好充分准备。

实验启动时，需按下激光笔的开关按钮，使光线稳定投射在钢尺上，并精确记录此时激光的位置，作为后续数据对比的基准。随后，在计算机上点击开始按钮，测量智能手机所在的水平位置以及木板上下方向倾斜角度的初始值，为后续实验数据的分析提供初始条件。

在实验过程中，采用逐差法进行数据采集，每间隔 50s，便往木板上逐次增加一块质量为 200g 的砝码，以观察木板倾斜角度的变化状况。待六块砝码全部加完后，需要详细记录此刻激光在钢尺上的位置。紧接着，以相同的时间间隔，逐步减少砝码的数量，直至木板上的砝码全部移除，再次记录激光在钢尺上的位置，并停止实验操作。在整个实验过程中，测试者需密切关注并记录木板受压后倾斜角度的变化情况，以便后续对实验数据进行深入分析。

4. 实验结果

在每隔 50s 的时间间隔内，于木板上依次增添质量为 200g 的砝码时，Phyphox 软件借助其内置的陀螺仪传感器，精确捕捉到木板在垂直方向上的倾斜角度呈现持续减小的趋势。当六块砝码全部加载完毕，木板所承受的压力达到峰值，此时倾斜角度的下降幅度亦达到最大值；而在逐步移除砝码的过程中，陀螺仪传感器同样精准监测到木板倾斜角度逐渐回升，直至恢复至初始状态。整个实验进程中，木板所经历的细微变化以阶梯状形式呈现，通过直观的实验图像，清晰地展示了木板在受力作用下的微小形变过程。

在对比实验中，激光笔投射在钢尺上的光线位置变化亦提供了有力佐证。实验初始阶段，未施加砝码时，光线位于钢尺约 21.32cm 处；随着砝码的逐步增加，光线位置逐步下降至约 19.92cm 处；当所有砝码被移除后，光线位置又回升至约 21.31cm 处。这一光线位置的前后变化，充分反映了木板在整个实验过程中发生的微小形变。

本实验通过 Phyphox 软件生成数据图像，并结合光线在钢尺上位置的变化，为学生提供了一个在课堂上直观观察木板微小形变的平台。数据图像以其直观的视觉效果，使得原本难以察觉的微小形变变得显而易见。实验巧妙地将木板的微小形变转化为光线位置的变化，不仅有效探究了木板倾斜角度变化与外力大小之间的内在联系，还解决了传统实验中难以精确控制外力大小的难题。此外，实验过程中允许学生参与砝码的增减操作，不仅提高了学生的课堂参与度，还增强了实验教学的互动性和体验感。

三、基于 Phyphox 软件的“向心加速度”教学设计

（一）确定教学目标

在物理观念建构层面，需帮助学生明晰向心加速度作为描述圆周运动速度方向变化率的核心物理量，系统掌握其矢量特性与时空变化规律；深入理解向心加速度与线速度、角速度间的动态耦合关系，构建完整的圆周运动动力学认知框架；在复杂情境下能够运用向心加速度原理进行定量分析与问题解决。在科学思维培养方面，应引导学生运用数学极限思想构建向心加速度的微分推导模型，通过理论演绎揭示其物理本质；借助实验观测与数据拟合，建立符合物理规律的向心加速度概念模型，实现抽象理论与具象现象的有机

统一。在科学探究实践维度，需知道学生整合理论推演与实证研究方法，借助 Phyphox 等数字化实验工具，设计多变量协同验证方案，以便系统探究向心加速度与角速度的定量关系。在科学态度塑造领域，倡导基于生活场景的探究式学习，通过日常物品的实验化改造，构建贴近学生认知经验的探究情境，从而培育学生追求科学本质、善于观察现象的科学品格。

（二）分析教学重难点

本课程的教学核心聚焦于圆周运动加速度的产生机理，重点引导学生突破向心加速度的存在性证明与矢量特征解析，并且掌握基于运动学参数的向心加速度计算方法。教学难点在于构建理论推导与实验验证相结合的认知路径，通过变量控制实验设计，精确验证向心加速度与角速度的关系，形成对圆周运动动力学规律的深度理解。需特别注重极限思想在理论建模中的应用以及对实验数据采集与误差分析能力的培养。

（三）制定实验方案

圆周运动作为典型的曲线运动形式，广泛存在于旋转木马、车辆转弯、天体运行等自然现象中。当物体处于圆周运动状态时，其速度矢量方向持续变化，必然产生加速度，从而使匀速圆周运动中的向心加速度始终指向圆心方向。基于牛顿第二定律的受力分析框架，可构建加速度与圆周运动参数的关联模型。实验探究应着重引导学生建立加速度、线速度与角速度的关系网络，通过控制变量法研究各物理量的变化规律；借助数字化实验工具，可设计角速度连续变化的动态观测系统，实时采集向心加速度数据；通过图像拟合与误差分析，揭示圆周运动的动力学本质特征，最终形成对曲线运动规律的完整认知体系。

1. 实验优化

在物理学科的学习中，学生在前期学习阶段已初步认识，线速度、角速度以及周期等相关物理量，并基于物体做直线运动时的加速度公式，能够计算加速度、速度变化量以及时间变化量的具体数值。在直线运动情境下，由于末速度与初速度的方向始终处于同一直线，速度变化量可通过末速度减去初速度的方式获取。然而，当运动轨迹转变为曲线圆周运动时，末速度与初速度的方向不再位于同一直线，此时则需依据矢量运算规则来计算速度变化量。在教材的拓展学习部分，当时间变化量足够微小时，末速度与初速度之间的夹角也会足够小，该夹角所对的弦长近似等于弧长，可替代弧长进行。但单纯运用理论推导的方式来计算向心加速度，对于学生理解相关知识存在一定阻碍，且教材中并未呈现详细的推导过程。

在教材的课堂研究板块，要求在智能手机上安装特定应用软件，利用传感器测量手腕做圆周运动时的向心加速度。此类实验活动虽可测得向心加速度的数值，但存在明显缺陷，即难以保证手腕在实验全程中始终处于同一平面内，这会导致所获取的实验数据缺乏准确性和规律性。若运用智能手机内置的陀螺仪传感器与加速度传感器，借助相关软件的功能模块，分别测量角速度与向心加速度的数值，进而验证向心加速度和角速度平方之间的关系，以此获取对应的实验数据与实验图像，便能使实验效果更为直观，有助于学生更好地理解其中蕴含的物理知识，同时也能让理论推导更具说服力。在实验活动里，引导学生通过动手实践来验证已有理论的正确性，并充分利用生活中的常见物品开展物理实验活动，有助于激发学生的求知欲，培养学生实事求是、勇于探究的科学精神。

2. 实验原理和装置

实验装置采用模块化组合方式构建，核心组件包括搭载多轴传感器的智能终端与旋转运动平台。实验过程中，智能终端通过机械固定装置与铝合金转盘形成刚性连接，确保二者在旋转运动中同步。通过预设软件参数实现实验流程的自动化控制，在启动旋转运动前，需要设置数据采集的延迟时间与持续时长，以确保运动状态的稳定性与数据记录的完整性。当旋转平台进入匀速圆周运动状态，智能终端内置的惯性测量单元中的陀螺仪与加速度计协同工作，能够实时捕捉运动系统的角运动参数与线加速度分量。通过专用软件的数据处理模块，将原始传感器数据转化为向心加速度与角速度，并构建二者间的动态关系图谱，以形成可量化的实验证据链，从而为理论模型的实证检验提供数据支持。

实验系统配置包含基础运动载体与智能感知终端两大单元：旋转运动平台采用低惯性铝合金材质，确保运动过程的平稳性；智能终端需预装具备运动参数采集功能的专用软件，其传感器精度需要满足基础物理实验的数据采集要求。

3. 实验操作步骤

实验准备阶段需完成运动平台与测量终端的适配性调试。根据智能终端

的物理尺寸选择适配的旋转平台，并采用机械固定方式，确保两者在高速旋转时的结构稳定性。在软件参数配置环节，需激活远程控制模块并设置 5s 预延迟与 10s 采集时长，该参数组合可有效平衡运动状态建立时间与数据采集密度。实验启动阶段，采用人工驱动方式使旋转平台达到稳定转速，操作过程中需通过辅助固定装置抑制平台轴向晃动，维持运动轨迹的平衡。数据采集完成后，系统将会自动生成包含时间戳的原始数据集，为后续分析提供完整的数据链条。

为提升实验结果的可靠性，教师需要带领学生进行多轮次重复测量，每轮次测量前需检查机械连接状态与软件参数设置，确保实验条件的一致性。数据采集完成后，需规范执行设备拆卸流程，避免由于机械冲击对精密传感器造成损伤。

4. 实验结果

本实验方案通过可视化数据表征与数学拟合分析，直观揭示了向心加速度与角运动参数间的定量关系，为经典力学理论提供了可观测的实证依据。实验数据的线性拟合结果与理论预测高度吻合，不仅验证了基础物理公式的正确性，还培养了学生的实证研究能力。该实验范式具有显著的教育拓展性，可将其迁移至日常生活场景，通过改造自行车轮毂、旋转餐桌等常见物品搭建简易实验平台，利用智能终端开展探究式学习。这种生活化实验设计既延续了课堂实验的科学严谨性，又增强了物理知识与现实世界的联系，同时激发了学生对科学探索的持续兴趣。

第四节　几何画板辅助高中物理实验教学的实践应用

一、几何画板辅助高中物理实验教学的适切性

《几何画板》（简称 GSP）作为一款兼具创新性与实用性的教学辅助工具，自 1995 年由权威教育机构引入国内以来，凭借其独特的技术优势与教育理念，在数理学科教学中展现出显著的应用价值。相较于传统多媒体软件在专业性门槛与操作复杂度上的局限性，几何画板通过动态交互、数理融合、轻量化设计及开放兼容等核心特性，为高中物理实验教学提供了多维度的支

持，从而成为推动学科信息化进程的重要载体。

在动态可视化呈现方面，几何画板突破了静态教学资源的局限，其动态演示功能通过参数化运动控制、实时轨迹追踪及过程冻结技术，将抽象的物理概念转化为具象化的动态图景。这种动态建模能力不仅弥补了传统板书与静态图示在时空连续性上的不足，还通过可视化手段揭示了物理现象背后的本质规律。例如，通过动态调整变量参数，学生能够直观地观察物理量间的因果关系；借助轨迹记录功能，复杂运动过程得以分解为可分析的阶段性特征，这种“以动观静”的认知模式有效促进了学生科学思维的发展。

数理融合特性是几何画板的另一核心优势。其内置的数学引擎支持符号计算、数值分析与图形绘制三位一体的交互操作，能够将物理公式直接转化为可视化图形，由此实现定量规律与几何形态的有机统一。这种特性特别契合物理学科对精确性与逻辑性的要求，通过动态关联物理量与几何参数，学生可在操作过程中验证理论模型，并通过观察参数变化对系统行为的影响，建立起从数学推导到物理现象的认知闭环。这种“数形双轨”的探究模式，为物理概念的深度理解提供了技术支撑。

在技术实现层面，几何画板的轻量化设计体现了教育工具的本质追求。其精简的系统架构与低资源占用的特性，既解决了大型课件存储传输的难题，又通过类自然语言编程界面降低了技术门槛。这种“够用就好”的设计理念，让教师能够将更多精力投入教学内容设计，而非技术操作，而课件的易修改性与可移植性更保障了教学资源的持续更新与优化。

开放兼容性则是几何画板适应现代教育生态的关键。其支持多格式媒体嵌入与跨平台链接的特性，构建了与传统教学工具的无缝对接通道。通过整合图形、音频、视频等多元素材，教师可构建层次丰富的立体化教学资源；而与主流课件平台的协同能力，则保障了技术工具与现有教学体系的有机融合。这种开放架构不仅提升了教学设计的灵活性，更为教育技术的迭代升级预留了发展空间。

几何画板通过技术创新与教育理念的深度融合，为物理实验教学提供了从现象观察到规律探究的全链条支持。其动态可视化、数理一体化、轻量化部署及开放兼容等特性，既符合学科认知规律，又顺应教育信息化发展趋势，在提升教学效率、激发学习动力、培养科学思维等方面展现出不可替代的价值。作为教育技术革新的典范，几何画板为新时代学科教学创新提供了可资借鉴的实践范式。

二、几何画板辅助高中物理实验教学的理论依据

（一）认知发展理论

1. 认知发展理论的主要观点

在心理学发展历程中，有关认知发展的理论构建为理解人类心智成长提供了关键框架。其中，关于认知阶段演进的系统性理论对 20 世纪发展心理学研究产生了深远影响。该理论将认知发展定义为个体自出生起在适应环境过程中，知识获取方式与问题解决能力随着年龄的增长而逐步转变的动态历程，其核心在于从动作感知向抽象思维的递进发展。

该理论将个体从出生至成熟的认知发展划分为四个具有本质差异的阶段。在初始的感知运动阶段（0 ~ 2 岁），认知活动主要表现为通过感官与动作探索世界，个体逐步从本能性适应转向目的性活动，此阶段标志着思维能力的萌芽。随后进入前运算阶段（2 ~ 7 岁），儿童开始运用语言符号进行表征性思维，形成对世界的主观认知，但尚未具备客观分析能力，其思维特征仍然表现为不可逆性与片面性。

具体运算阶段（7 ~ 11 岁）标志着逻辑思维能力的初步形成，个体能够进行基于具体情境的经验性推理，开始突破知觉局限，实现可逆性运算与具体分类。到形式运算阶段（11 岁至成年），认知发展达到成熟水平，个体具备抽象推理与假设演绎能力，并且能够运用科学方法构建命题系统，在复杂情境中通过变量控制进行系统性思考。

该理论进一步强调教育实践与认知发展水平的内在关联性，指出教育策略应适配于受教育者的思维发展阶段。这一观点揭示了认知发展规律对教育设计的指导作用，提示教育者需根据个体思维特质调整教学方法，通过阶段性认知特点的把握，促进知识建构与思维能力的协同发展。这种将发展心理学原理转化为教育实践指导的模式，为构建科学化教育体系提供了理论依据，其积极价值在于推动教育过程与认知发展规律的动态有机契合，最终实现个体潜能的有效开发。

2. 认知发展理论的指导意义

为提升物理教学的效果，深入探究学生的认知层次与心理发展规律显得尤为重要。教学内容的深度与广度应紧密贴合学生的认知及思维发展阶段科学界定。认知发展理论虽在国际上广受认可，但其在阶段划分的连续性上存在不足。高中生的认知水平多集中于具体运算与形式运算阶段，且相当一部分高中生的物理思维尚未达到形式运算层次。基于此，高中物理教学需着力构建具体模型与抽象规律之间的紧密联系。物理实验作为基于具体事物构建模型的研究过程，其背后所蕴含的原理与规律则是通过归纳与演绎的抽象思维得以揭示。

传统的“教师讲授实验，学生记忆实验”模式，已难以满足高中生的认知发展需求。当前，更多高中生渴望理解现象与规律之间的内在联系，这就要求物理教学更加关注学习任务与学生既有认知之间的差距，同时重视揭示物理现象的本质与学生认知之间的关联。教师应敏锐捕捉学生既有认知与新现象、新事物之间的矛盾，通过引导或创设适宜情境，帮助学生发现并解决这些矛盾。

对于此过程，几何画板等工具的应用显得尤为重要。它能够实现物理过程的动态化与形象化，使实验现象更为直观、突出，从而成为连接现象与抽象规律的纽带，也是创设物理情境的有效手段。几何画板的应用，可以促进学生认知水平向形式运算阶段的顺利过渡，为物理教学的深化与拓展提供有力支持。

（二）建构主义学习理论

1. 建构主义学习理论的主要观点

（1）有意义的学习往往植根于真实的任务与情境之中

构建主义学习理论指出，知识的获取需依托具体情境脉络，当教学脱离现实生活场景而仅聚焦于抽象概念时，易产生缺乏实践价值的“惰性知识”。此类知识虽能通过标准化测试验证，却难以转化为解决实际问题的能力，具体表现为学生虽掌握理论框架却无法在真实场景中灵活运用。真实情境中的学习任务能够激活学生的认知图式，促进知识迁移与技能内化，使学习成果具备现实意义。

（2）学习本质上是学生主动建构认知体系的过程

构建主义学习理论强调，知识并非通过被动接受外部信息而积累，而是学生基于既有认知结构进行主动加工的结果。学生的思维系统具有加工厂的特性，它能够将输入信息经过筛选、重组和转化，形成个性化的认知表征。这种主动建构机制要求学生积极参与认知活动，通过反思性实践持续优化自身的经验系统，任何外部指导都无法替代个体在知识建构中所占的主体地位。

（3）新知识的形成必然建立在已有经验基础之上

建构主义学习理论揭示，学习过程本质上是将新信息与既有认知框架进行有机整合的动态过程，涉及编码、转化和重构等多个认知操作环节。学生的先前经验为新知识提供附着点和生长点，如果缺乏必要的知识储备，新知识的建构将失去认知根基。这种基于经验的渐进式建构模式，既保证了认知发展的连续性，也为复杂概念的理解提供了必要的认知阶梯。

（4）协作性互动能够显著提升学习效能

社会建构主义理论强调，学习是主体之间通过对话交流实现认知融合的社会化过程。不同个体因成长背景不同会形成独特的认知视角，当这些多元视角在协作活动中相互碰撞时，既能拓展参与者的认知边界，又能通过观点交流修正原有认知偏差。这种社会性知识建构过程不仅促进个体认知发展，更能培育集体智慧，使学习成果超越个体认知局限，因而形成更具包容性和适应性的认知网络。

2. 建构主义学习理论的指导意义

教学过程应着力创设契合学生生活经验与认知水平的情境，以推动知识的有效内化与深度理解。在高中物理实验教学领域，部分演示实验，特别是涉及前沿科学技术原理的仪器展示，往往仅呈现仪器的外观与整体构造，其内部精密机制对学生而言犹如“黑箱”，因此仅能依赖教师的口头阐释来了解其认知结构与工作原理。此类仪器，如回旋加速器、示波器等，因其在学生日常学习生活中很少接触，故难以在学生的认知体系中形成具象化表征。此外，诸如天体质量测量、核反应等理想化或高危险性实验无法直接进行操作或实施，其所构建的情境往往偏离学生的现实认知经验，这也导致学生在知识建构过程中遭遇困难，最终可能形成缺乏灵活性、难以迁移的“惰性知识”。

为克服这一困境，可借助多媒体技术，如几何画板等工具，将抽象仪器或复杂实验过程转化为贴近学生生活经验的情境、模型，或依托其已有知识经验进行可视化呈现。这种技术手段的应用，不仅能够显著增强学生的直观感知能力，还能有效促进新知识与学生原有认知结构的同化与顺应过程，从而帮助学生构建起更加稳固、灵活的知识体系。

三、几何画板辅助高中物理实验教学模式的构建

（一）辅助高中物理演示实验的教学模式

演示实验通常由教师独立操作或由极少数学生协助，而其余大部分学生则以观察者的身份参与其中。此类教学活动旨在通过直观展示实验现象引导学生开展观察与思考，并借助教师的讲解或适时组织学生研讨来达成课堂教学目标。成功的演示实验不仅能够有效锻炼学生的观察能力与专注力，还能在思维层面给予学生积极的启发，促进其思维品质的养成。此外，演示实验在营造活跃的课堂氛围、增强教学成效方面亦发挥着重要作用。早在20世纪60年代，便有教育研究者提出演示实验应遵循的基本原则，即操作简便、现象清晰、可视性强。然而，由于受多重主客观因素的制约，部分演示实验未能达到预期使其效果，转而演变为理论层面的空洞讲解：学生机械记忆实验结论、背诵现象描述，致使原本注重实践的物理课程逐渐偏离其本质，沦为缺乏实际应用价值的纯理论、纯思辨型课程。

为了解决这一问题，在实践基础上构建以下模式（图6-1、图6-2）。

1. 演示实验教学模式1

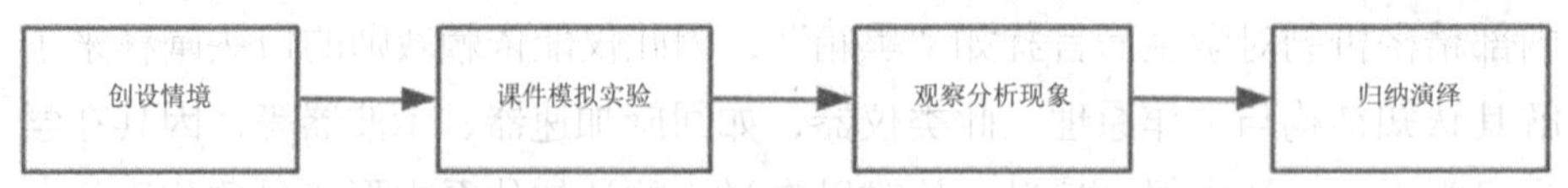

图6-1　演示实验教学模式1

本模式在物理教学中具有显著的应用价值，尤其适用于那些难以通过实物演示开展的实验教学场景，诸如核裂变与核聚变的动态过程、天体运动的宏观规律、带电粒子在电磁场中的运动轨迹、微观粒子的量子特性以及电子跃迁等抽象概念，同时还包括一系列旨在深化理论理解的思想实验。在此类教学模式下，几何画板扮演着至关重要的角色，它不仅能够精准地构建物理情境，将复杂的研究问题以直观的形式呈现出来，还能有效激发学生的学习兴趣与探索欲望。

教学案例：《原子的结构》

《原子的结构》是高中原子物理的重要内容，该章节旨在引导学生了解原子结构模型的历史演进及其构建依据，掌握 α 粒子散射实验的方法与实验

现象，并深入理解原子核式结构模型的核心内涵。面对卢瑟福 α 粒子散射实验这一教学难点，由于其实验条件在高中阶段难以实现，且学生初次接触微观世界的研究范式，缺乏必要的感性认识与直观演示。

因此，教学策略中需充分利用多媒体课件与媒体资源，将实验过程与结果以清晰、生动的形式展现给学生。鉴于该实验设计思想的严密逻辑性与实验结果的深刻内涵，其解释需融合运动学与电磁学的综合知识，教学过程中应通过师生互动，逐步引导学生从宏观实验现象出发，并运用科学思维推测与理解微观世界的奥秘。尽管无法实施真实实验，但此教学模式依然全面贯彻了新课程理念中的科学探究精神，不仅有助于提升学生的逻辑推理与观察能力，还在无形中培养了学生的科学思维。

2. 演示实验教学模式 2

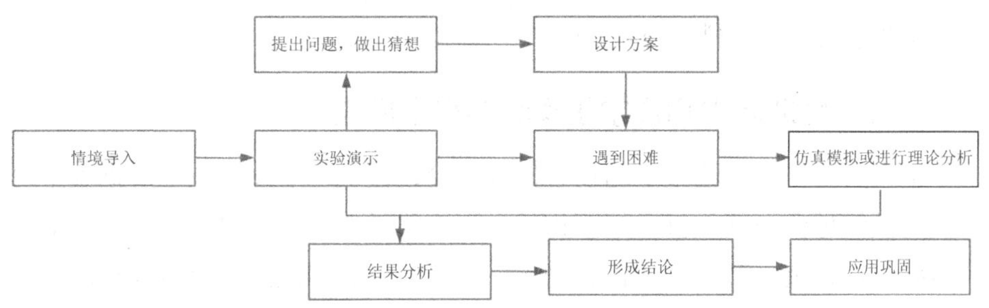

图 6-2　演示实验教学模式 2

本模式适用于实验现象呈现度不清晰或认知过程较为抽象的物理教学场景。当实验现象因设备限制或物理特性难以直接观察时，多媒体课件的模拟功能可以突破时空局限，通过动态演示补充关键信息；在现象与规律之间存在认知断层的情况下，数字化工具能够通过可视化手段建立逻辑桥梁，将抽象概念转化为具象表征；对于瞬时性强或微观尺度的实验过程，课件的时空调节功能可实现过程分解与细节放大，这样能够有效促进学生对物理机制的深度理解。

教学案例：《交变电流》

交变电流作为连接理论与应用的重要知识节点，其教学价值不仅体现在对于基础概念的掌握，更在于物理图景与数学表征的融合能力培养。该内容的教学实施需突破三重认知障碍：第一，实验装置的结构性特征与动态过程

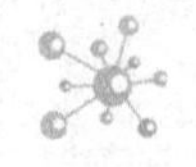
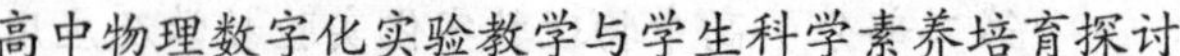

的可视化呈现存在矛盾，传统演示难以兼顾整体构造与细节变化的同步展示；第二，物理现象的瞬时特性与认知加工的时序需求存在冲突，快速变化的电流参数需要分解为可观测的阶段性特征；第三，空间想象与抽象建模的复合能力要求超出部分学生的最近发展区，需借助中介工具实现三维实体与二维符号系统的有效转换。

数字化教学资源的介入为上述问题的解决提供了可行路径。通过动态模拟软件构建虚拟实验平台，既能实现发电机内部磁通量变化的连续演示，又能同步呈现对应电流参数的数学表征，以此形成“现象—过程—规律”的完整认知链条。这种多维表征的整合不仅增强了物理图景的直观性，还通过时空尺度的可调节性促进学生对关键概念（如瞬时值、峰值、中性面）的精准把握。当动态模拟与实物演示形成互补时，学生得以在具象经验与抽象符号之间建立稳固的认知联系，其问题解决能力与知识迁移效率均得到显著提升，从而有效达成物理学科核心素养的培养目标。

（二）辅助高中物理学生实验的教学模式

学生实验作为实验教学的核心构成部分，在人才培养体系中占据着不可替代的关键地位。其不仅承担着训练学生实践操作技能、提升问题解决能力的重要使命，更是激发学术探究兴趣、培育科学思维范式的有效途径。根据实施场景的差异，学生实验可被系统划分为课堂分组实验与自主课外实验两大类别，二者共同构建起多维度的实践培养体系。

课堂分组实验作为教学主导模式，通过教师引导下的规范化操作流程，使学生在明确教学目标指引下开展系统性实验探究。此类实验形式在知识建构、方法习得及能力塑造方面具有显著优势，能够有效促进理论认知与实践操作的深度融合。但教学实践观察显示，当前分组实验环节仍存在若干亟待改进的问题。为了提升学生实验的教学效果，构建了以下模式（图 6-3）。

1. 学生操作型分组实验教学模式

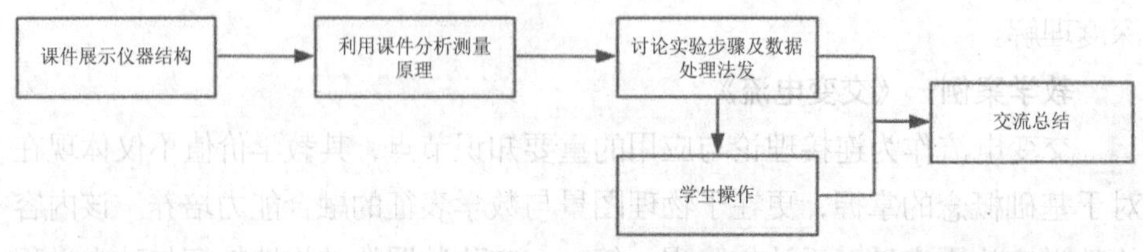

图 6-3　学生操作型实验教学模式

本模式下，几何画板凭借其强大的功能构建高度仿真的实验仪器模型，为学生提供直观且沉浸式的学习体验。通过精细模拟仪器的外观细节与内部构造，学生能够迅速熟悉各类仪器的组成结构和工作原理，进而加速掌握仪器的正确使用方法。此外，借助反复模拟操作练习，学生能够在无风险的环境中探索仪器操作逻辑，从而有效避免了真实实验操作中可能出现的盲目性与误操作，这也显著提升了实验教学的效率与质量。特别是在涉及复杂仪器（如示波管原理探究）、精密测量工具（如螺旋测微器与游标卡尺的使用技巧）以及多用电表的综合应用等教学内容时，几何画板的仿真模拟功能尤为突出。

应用案例：《示波器的使用》

示波器作为观测电信号动态变化的核心工具，不仅能够直接展示电信号随时间演变的波形，还能将速度、压力等非电学物理量转化为电压信号进行可视化分析。然而，由于示波器结构封闭且操作界面复杂，学生在初次接触时往往因缺乏直观认识而陷入操作困境，导致实验教学效果受限。为突破这一教学瓶颈，需引导学生深入理解示波器的工作原理，特别是其核心部件示波管的工作原理。通过几何画板动态课件的辅助教学，学生能够在虚拟环境中观察示波管内部电子束的偏转过程，直观理解电场对带电粒子的作用机制，从而使学生系统掌握实验原理与操作技能，为后续独立开展实验探究奠定坚实基础。

2. 学生探究型分组实验教学模式

在高中物理教学中，学生实验通常在一个课时内完成。然而，探究性实验环节繁多，除去猜想和设计方案的时间，实际用于做实验的时间极为有限；有些数据处理比较复杂，实验结论的得出往往比较仓促，通常也只能完成一种实验方案的研究。几何画板课件可以辅助完成这些复杂的数学运算，并展示更多的实验方法和实验方案。

应用案例：《自由落体测量重力加速度》

目的和要求：①巩固利用打点计时器和纸带获取运动信息的方法；②测定自由落体的重力加速度；③加深对落体运动的理解。

仪器和器材：方座支架，电磁打点计时器，直尺，重锤，夹子，学生电源。

实验原理：自由落体运动包含有大量的物理信息，例如：位移、速度、加速度、能量转化信息等。教材中有关自由落体运动的实验有三个，分别是：①探究自由落体运动的性质；②利用自由落体运动测重力加速度；③利用自由落体运动验证机械能守恒。本实验是在前面掌握自由落体规律后进行的，主要考查学生综合应用知识的能力以及探究能力。

实验过程：①根据所学知识讨论要测重力加速度需要测量的量有哪些，需要的实验器材有哪些，用到的物理规律有哪些；②制定实验方法和实验步骤；③学生实验。

实验步骤简要介绍如下。

（1）将方座支架放于水平桌的边缘，电磁打点计时器固定在支架的下端并位于竖直平面内。支架底座上放一重物以保持支架的稳定。打点纸带上端穿过计时器的限位孔，并用夹子固定，下端通过夹子悬挂一重锤。

（2）接上电源，闭合开关。待电磁打点计时器工作稳定后，放开上面的夹子让重锤带着纸带自由下落。这时计时器在纸带上打下了一系列点。重复实验，可得几条打点纸带。

（3）选取合适的方法测量处理实验数据。

实验分析：由于学生实验要一个课时内完成，其探究性实验过程也比较多，除去猜想和设计方案的时间，用于做实验的时间比较短，学生往往只能用一种方法得出结果，本实验可用的物理公式有很多。因此，可以利用几何画板辅助完成这些复杂的数学运算过程，并展示更多的实验方法和实验方案。

处理方法简要介绍如下。

（1）用 excel 统计和处理原始数据。

（2）选中计算结果并复制到剪贴板上。

（3）打开一个画板文件，利用【编辑】—【粘贴】命令，把刚才的数据粘贴到画板文件中。

（4）利用画板的【绘图】—【定义坐标系】功能，建立直角坐标系。

（5）执行【绘图】—【绘制点】逐一输入 v^2 和 h 的数值，得到各点。

（6）选择【线段直尺工具】构造线段，使尽可能多的点在该线段上。

（7）选中线段，【度量】—【斜率】由 $v^2=2gh$ 就可以得到 $k=v^2/h=2g$，即可得到 g 值。

其他的公式也可用同样的方法求解。

注意事项：因为高度取厘米为单位，因此得出的结果还要进行单位换算。

3. 学生课外“自助式”实验教学模式

自助实验作为一种创新性的实验教学模式，强调学生在学习与探索过程中，自主选择实验设备、设计并实施实验方案来深入探究问题，其核心特征

在于“亲力亲为”的实践精神。相较传统的“任务型”实验，自助实验模式显著提升了学生的主动性与创造性，鼓励他们在解决问题的过程中发挥个人潜能，实现知识的主动建构。与家庭实验相比，自助实验依托学校开放实验室资源，不仅简化了实验器材的准备流程，还为学生提供了及时获取专业指导的便利条件，从而有效保障了实验活动的顺利进行与深度探索。

对于正处于认知能力快速发展阶段的高中生而言，自助实验模式无疑是一种极具价值的教学实践。它不仅能够激发学生的探索兴趣，培养其独立思考与解决问题的能力，还能让其在实践操作中深化对理论知识的理解，促进科学素养的全面提升。结合相关课题研究，如《中学物理“自助式实验”实施研究》所示，特定工具如几何画板的引入，进一步丰富了自助实验的教学手段，显著提高了学生参与实验活动的积极性，增强了他们面对复杂实验任务时的信心与毅力。这类工具的应用，不仅优化了实验教学效果，也为自助实验模式的推广与完善提供了有力支持，进一步展现了其在促进学生主动学习、深化科学探究方面的积极潜力。

第五节　GeoGebra 软件在高中物理运动类习题教学中的实践应用

一、GeoGebra 软件在高中物理习题教学中的应用背景

物理习题教学作为高中物理教学体系中的核心环节，不仅承担着知识巩固与技能训练的基础功能，还在培养学生的物理核心素养方面发挥着重要作用。基于物理学认识路径模型，物理习题教学应当超越单纯求解答案的层面，而是通过科学的教学设计，使学生在习题训练过程中深化对物理概念的理解，提升学生的物理建模、逻辑推理和创新思维能力。

在当前的教学实践中，教师普遍摒弃了传统的“题海战术”式机械训练模式，而是更加注重基于学生认知特点与习题特性的教学策略。有效的物理习题教学应以典型习题为载体，并结合学生的思维发展特点，构建系统化的解题思维路径。通过一题多解、一题多变、一题多创等方式，使学生在多角度思考与知识迁移中加深对物理规律的理解，并在思维冲突与探究过程中形成更高层次的物理认知结构。

从教学内容来看，物理习题教学主要涵盖三个方面：问题教学、例题教学和扩展学习教学。其中，问题教学强调通过科学问题的引入，激发学生的学习兴趣，促使其主动思考；例题教学则注重典型案例的深入剖析，使学生在掌握解题方法的同时理解其背后的物理本质；扩展学习教学则基于已有知识，进一步拓展学生的思维广度与深度，培养其运用物理知识解决复杂问题的能力。

物理习题教学的最终目标并非单纯提高学生的解题速度或准确率，而是要通过科学的教学方法，促进学生形成良好的物理思维方式，引导学生在面对复杂问题时具备分析、建模、推理与创新的能力。有效的习题教学不仅能帮助学生回顾和整合物理知识，还能促使其对解题过程进行深入反思，在持续的学习过程中提升自身的认知能力与学科素养。

随着物理学科对学生综合能力要求的不断提高，如何有效培养学生的物理建模能力来解答物理习题，已成为当前教学实践中的重要课题。高考试题的设计逐渐趋向情境化与综合化，要求学生不仅要掌握基础物理概念，还需具备较强的知识迁移与应用能力，能够在具体情境中提取有效信息，构建合理的物理模型，并借助数学方法进行求解。然而，物理建模过程中最为关键的环节——从物理情境中提炼核心物理关系并构建数学模型——往往成为学生学习的难点。学生在这一阶段容易受直觉性判断的干扰，导致模型构建不够严谨，从而影响最终的解题准确性。

对此，合理利用信息技术手段辅助教学成为提升学生物理建模能力的重要策略。GeoGebra 软件作为一款集代数、几何、微积分、统计与图形计算功能于一体的可视化工具，在物理教学中呈现出其独特的优势。其交互式动态几何环境能够直观展现物理过程的空间关系，使抽象的物理概念具象化，从而降低学生理解门槛。同时，GeoGebra 软件提供的动态建模功能，使学生可以通过图形表征直观地探索变量之间的关系，验证物理模型的合理性，从而培养学生严密的逻辑推理能力与科学的建模思维。

GeoGebra 软件的可视化特性在处理高中物理中的运动学、力学、电磁学等内容时具有较强的适用性。例如，在运动学教学中，GeoGebra 可以用来直观展示物体的位移、速度与加速度之间的关系，并帮助学生建立完整的运动模型；在力学教学中，软件可以通过图形化手段模拟力的合成与分解，使受力分析过程更加清晰；在电磁学教学中，GeoGebra 可用于构建电场与磁场的可视化模型，使抽象的场概念变得更加直观。

二、GeoGebra 软件在高中物理习题教学中的优势

通过 GeoGebra 软件快捷工具栏，用户可以快速地创建滑动条、描点、绘制力学图示、构造平行力与垂直力、计算位移与角度等高中物理相关元素，使物理概念的呈现更加直观、生动。这种交互式可视化不仅增强了高中物理教学的趣味性，还降低了抽象物理概念的理解难度，使学生能够通过动态操作深刻体会物理对象的变化规律。此外，用户可以在 GeoGebra 的指令输入区输入精确指令，完成快捷工具栏无法直接实现的复杂操作，如构造特定运动轨迹、设置变量间的逻辑关系等，从而满足对高阶物理建模与探索性学习的需求。

绘图区作为 GeoGebra 的核心展示区域，将用户输入的指令或操作结果以图形化方式呈现，使物理模型的动态变化一目了然。这种即时反馈机制不仅提升了学习的互动性，在实验性物理探索与物理教学设计中发挥了重要作用。例如，在力学教学中，GeoGebra 能够通过滑动条实时调整力的大小和方向，使学生能够直观感受参数对物体运动的影响，从而加深其对运动规律的理解。此外，软件还配备了脚本栏，允许用户编写属性设置脚本，实现更精细化的动态控制，从而为物理可视化教学提供更高的自由度。

GeoGebra 软件交互性强、功能多样、可视化程度高，能够有效辅助物理概念的教学，优化课堂教学模式，提升学生的学习效率。

首先，GeoGebra 软件能够降低高中物理抽象概念的理解难度，帮助学生建立直观的物理认知。高中物理学科中涉及大量复杂的运动学、力学、电磁学等理论内容，许多概念具有高度的抽象性；传统的教学方式往往依赖于教师的语言描述和板书推导，学生难以形成直观的理解。借助 GeoGebra 软件，教师可以通过动态建模和可视化演示的方式，将静态的公式、定理转化为可交互的动态过程，使学生在直观感知的基础上理解物理规律。例如，在研究抛体运动时，教师可以利用 GeoGebra 软件构建运动轨迹，并通过滑动条调整初速度、角度等参数，使学生能够观察运动轨迹随变量变化的动态变化过程，从而深化对运动规律的理解。

其次，GeoGebra 软件能够节约教育成本，推动教育公平。在传统物理实验教学中，部分实验设备成本较高，部分学校资源受限，难以保障所有学生均能充分进行实验操作。GeoGebra 软件提供了强大的模拟实验功能，可以在虚拟环境中构建物理实验，减少对实体设备的依赖，降低实验教学的成本，提高资源利用率。例如，在研究电磁感应现象时，学生可以使用 GeoGebra 软件模拟导体切割磁感线的过程，观察电流随时间变化的规律，从而加深对电磁感应定律的理解。这不仅能够弥补实验条件的不足，还能让学生反复操作、调整参数，提高实验的可重复性和可控性，增强学习效果。

再次，GeoGebra 软件能够提高习题课的教学效率，增强学生的自主探究能力。在物理学习过程中，学生需要通过大量的习题训练来巩固知识，但传统的纸质习题缺乏动态演示的功能，学生在解题过程中容易出现理解偏差，影响学习效果。GeoGebra 软件的可视化功能将物理问题动态呈现，使学生可以通过调整变量、改变参数来观察问题的变化趋势，从而提高习题课的效率。例如，在讲解简谐振动的知识点时，教师可以利用 GeoGebra 软件制作弹簧振子的模拟模型，展示不同质量、不同弹性系数的物体在受力平衡后的振动情况，帮助学生直观地理解位移、速度、加速度之间的关系，以此提升解题能力。

最后，GeoGebra 软件还可以辅助学生建立物理模型，提高其分析和解决问题的能力。高中物理教学强调对物理建模的能力培养，要求学生能够将实际问题抽象成数学模型并进行求解，而这一过程往往较为复杂，易导致学生在建模过程中遇到困难。GeoGebra 软件提供了强大的数学运算功能，它可以通过输入方程、设置变量、构建函数等方式，帮助学生建立数学与物理之间的联系，提高建模能力。例如，在分析匀变速直线运动的运动学公式时，学生可以使用 GeoGebra 软件输入运动方程，并绘制速度—时间图像和位移—时间图像，通过动态调整初速度和加速度参数，观察物体运动状态的变化趋势，从而掌握物理模型的本质特征。

三、GeoGebra 软件在高中物理运动类习题中的可视化应用

（一）利用欧拉法制作近似模拟物体曲线运动的课件

在高中物理教学中，动力学问题一直是学生学习的难点，特别是涉及物体曲线运动的相关问题。为了帮助学生更好地理解和掌握这些问题，采用现代技术手段进行教学十分有必要。GeoGebra 软件作为一种强大的数学可视化工具，不仅能够模拟物体的运动轨迹，还能实时展示运动过程中的各种物理参数，从而极大地增强了物理教学的互动性与直观性。然而，单纯的可视化并不足以完整展示物体的运动过程，需要依赖合适的数值方法来近似求解物

体的运动轨迹，欧拉法是一种常用且简单有效的数值解法。

欧拉法的基本原理是对物体在某一时刻的位置和速度进行离散化处理，通过小时间步长的迭代，逐步更新物体的位置与速度，进而近似求得物体的运动轨迹。具体来说，通过设定小时间间隔 d*t*（例如 0.01 秒），并结合物体的速度和加速度信息，利用 d*t* 乘以其物体运动的速度，可以得到物体在 0.01 秒内大致的位移值，将新的位移更新到物体的位置坐标[①]。此方法简单且计算量小，适用于大多数动力学问题，尤其是在处理物体受力并进行曲线运动模拟时，能够较好地平衡计算精度与效率。

以带电粒子在电场中的运动为例，GeoGebra 结合欧拉法能够模拟带电粒子在电场中受力后的运动轨迹。电场的变化会改变带电粒子的加速度，进而决定其运动轨迹的形态。通过调整电场的参数，学生不仅能看到带电粒子如何受电场力作用而发生曲线运动，还能直观地理解如匀变速运动等物理概念。这种模拟方式能够有效降低学生对复杂运动过程的理解难度，帮助学生掌握运动轨迹的生成原理及其物理背景。

此外，利用欧拉法制作的课件还可以让学生验证多个物理理论，例如不同电场中静止释放的带电粒子是否具有相同的偏转轨迹，或是在特定条件下物体轨迹的变化情况。这种结合理论推导和实际模拟结果的教学方式，有助于加深学生对物理规律的理解，为学生提供了探索物理现象的实验平台，从而提升了学生分析和解决问题的能力。因此，借助 GeoGebra 和欧拉法的结合能够为高中物理教学提供一种新的、更直观有效的教学工具。

（二）利用图像面积法制作匀变速直线运动追及问题的课件

除了利用欧拉法模拟物体的实际运动，利用 $v-t$ 图像的面积还原物体的运动情况也是可视化的一种方法。对于能够知道其运动图像的物理习题而言，这种方法相比于欧拉法，在操作上更显简单，且精度很高。在处理追及相遇问题时，用 v–*t* 图像面积法模拟物体的运动情况课件制作会更方便。

追及相遇问题是学生在学习运动学时常见的一种运动模型。在学习此类模型时，学生对简单的追及相遇能够较快地处理，而在追及相遇中的一些临界判断时，就容易出现思虑不全，错误判断临界值的问题，因此准确地解答

① 朱虹锦．GeoGebra 软件在高中物理运动类习题教学中的应用与研究［D］．成都：四川师范大学，2024：16-20.

这类题，需要学生有较强的空间思维和逻辑思维，这使得一些还未转变物理思维的同学在学习这部分内容时存在一定的难度。

以题为例：汽车（A）以 10m/s 的速度在平直的公路上匀速前进，在它的正前方 x 处有一辆自行车（B）以 4m/s 的速度做同方向的匀速直线运动，汽车立即关闭油门做加速度 a=-1m/s^2 的匀变速运动，若汽车恰好碰不上自行车，则 x 的大小为多少。对于初学者，尤其是思维逻辑较差的学生，很难判断这道题的临界条件，他们不理解汽车恰好不撞上自行车的含义，也不理解应在两车速度相同时进行判断。

为了改善这一现象，可以利用软件进行课件设计，课件可以显示追及相遇问题的 v–t 图像，可以通过调节滑动条，来调节 A，B 两点之间的初始距离，同时还可以通过速度 v_A 与 v_B 的滑动条来控制追及问题中的物体初速度。通过 a_A 与 a_B 来控制两物体运动的加速度，可以根据不同的追及问题来进行修改。在这个课件中，A，B 两物体在追及过程中会实时显示各自的位置。

AB 两点间的实时距离，还能看到两物体的实时速度大小，以及 A、B 两物体的运动轨迹。通过这种方式，可以让学生观察追及问题中物体之间真实的变化情况，借助直观的展示理解追及问题中的临界点及其意义，也让学生能够判断出应该在何处取临界。通过这些展示，可以让学生直观地认识到在追及问题中，如果两物体速度相同时还未追上，则一定不会相撞。

四、GeoGebra 软件在高中物理运动类习题中的应用优化

（一）课件的制作要结合教学直观

在高中物理教学中，课件的设计与制作应以增强学生的物理直观感知为核心。GeoGebra 软件作为一种强大的数学工具，能够为学生提供清晰的物理量直观呈现，尤其是对于运动类习题中涉及的速度、加速度、力等物理量。通过该软件，教师可以直接展示某一物理量的数值，并通过动态演示，使学生能够观察到物理量随着不同条件变化时的直观结果。例如，在研究匀加速运动时，GeoGebra 可以通过动态曲线实时显示速度与时间的关系，帮助学生更好地理解运动过程的变化规律。具体的展示方式应根据题型不同灵活选择，既可以是物理量的数值，也可以是物理量在坐标系中的图像或动态演示，从而让学生在视觉上感受到物理现象的变化与规律。

（二）课件的使用倾向于总结结论而非展示结论

在 GeoGebra 软件的使用过程中，教师应避免仅停留在直接展示结论的表面层次。相反，GeoGebra 的优势在于其能够通过模拟和动态变化帮助学生推导并总结出结论，而不是简单地给出最终答案。例如，在解决某个运动问题时，教师可以通过逐步调整初始条件，如初速度、加速度、作用力，展示物体在不同条件下的运动轨迹，帮助学生归纳出运动规律。这种利用软件探索和总结结论的过程，能够促使学生深刻理解物理概念，从而在未来解决类似问题时能够灵活运用所学的知识，而非仅仅依赖于公式的记忆与机械计算。

（三）课件的使用要配合理论讲解

GeoGebra 软件虽然能够直观地展示物理现象，但其使用并非独立于理论教学之外。课件的应用应该与物理学科的理论推导紧密结合，尤其在运动类问题的教学中，软件的动态演示仅仅是理论的辅助工具，并不能替代理论推导的过程。教师在使用 GeoGebra 软件展示结果的同时，应引导学生进行必要的理论推导和分析。通过这种结合理论与实践的方式，学生不仅能够看到物理现象的实际表现，还能够理解其背后的物理原理。例如，在讲解匀加速直线运动时，教师可以通过 GeoGebra 展示物体在不同时间点的位置和速度变化，同时通过推导相关公式，帮助学生建立数学模型，并理解公式背后的物理意义。只有通过理论与实践相结合，学生才能真正掌握物理知识，并能够对其灵活运用。

（四）数据展示要有针对性

GeoGebra 软件具备展示多种运动数据的功能，但需要注意的是，学生在学习过程中能够处理的数据量是有限的。过多的数据展示可能会使学生产生信息过载，进而影响其对问题的理解。因此，数据的展示应具有针对性，根据具体问题的需求，合理选择展示的参数。在研究物体在外力作用下速度变化时，教师可以选择展示速度的大小、速度的方向和施加力的大小，而不必同时显示如加速度、位置等冗余数据；在处理追及问题时，教师可以重点展示物体的速度大小与物体之间的距离，避免不必要的参数干扰学生对问题核心的理解。通过精心挑选和展示关键数据，学生可以更清晰地抓住问题的核心要素，从而提高学习效率和理解深度。

第六节　DIS实验系统在高中物理实验教学中的实践应用

随着科技的不断进步，信息技术，特别是以计算机为核心的技术已经深入到日常生活的各个领域，教育教学也在这一背景下得到了显著发展。信息技术的引入逐渐改变了传统教学模式，提高了教学效率。尤其是在物理教学中，实验教学的形式和方法在信息化、网络化的背景下不断创新，以满足日益变化的课程需求。在此背景下，DIS数字实验系统作为现代实验装备的代表，逐步走进了高中物理教学课堂。

DIS数字实验系统的应用并非单纯地替代传统实验，而是对传统实验教学的有益补充和优化。它为物理实验教学提供了现代化的技术支持，帮助教师和学生通过更直观、互动的方式进行实验操作。通过DIS系统，学生可以更深入地理解物理概念和规律，同时体验到科学探究与现代技术的结合。此系统不仅增强了实验教学的多样性，还能有效促进学生科学思维和探究能力的培养，从而激发他们的创新意识。DIS的使用，使得物理教学在保持传统实验优势的同时，还能在现代教育技术的帮助下更好地培养学生的核心素养。

一、DIS实验系统的结构与优势

（一）DIS实验系统的结构

DIS（数字化信息系统）是一种基于传感器和计算机技术的自然学科实验研究平台。该系统的核心功能是通过传感器和数据采集器，实现对实验过程中各类物理量的测量与数据采集，并将数据传输给计算机进行分析与处理。DIS系统是信息技术与传统实验课程整合的重要载体，它为物理实验教学提供有力的技术支持，推动了物理实验教学的现代化和信息化进程。传统的实验仪器在测量精度、数据处理和实验效率上存在一定的局限，DIS系统有效克服了这些不足，为物理实验教学注入了新的活力。

DIS系统由硬件和软件两大部分组成。

硬件结构方面，DIS系统包含传感器、数据采集器和计算机三大关键设备。传感器是数字化实验系统中的测量工具，能够将被测物理量转换为电信

号，并提供精确的实时数据。常用的传感器种类包括位移传感器、力传感器、光电门、磁传感器、电流传感器、电压传感器、压强传感器和温度传感器等，这些传感器能够精确地测量不同的物理量，为实验提供准确的测量数据。数据采集器是连接物理量测量与计算机之间的桥梁。它的主要作用是对传感器传送的模拟信号进行数模转换（A/D 转换），并将转换后的数字信号传输到计算机进行处理。计算机负责数据处理和分析，它将收集到的数据进行多元化的分析，并输出实验结果，以此帮助学生更好地理解实验现象。

DIS 系统软件负责数据采集、记录、处理和分析等功能。以朗威 DISLab 为例，软件系统包括专用软件和通用软件。专用软件针对中学物理常见实验而设计，每个实验都有预设的程序和操作界面。专用软件的操作界面简单易懂，具有固定的程序化特点，适合学生进行标准化实验。学生按照实验指导手册的提示，快速搭建实验设备，调整初始数据后即可开始实验，并进行数据处理。通用软件提供更高的灵活性，能够实时显示传感器的测量值，并支持对数据进行图形化展示和数据拟合。通用软件不仅可以对不同类型的传感器进行自由组合，还能根据实验需求开展创新性实验。通过通用软件，学生能够进行更为丰富的实验探索，它突破了传统实验的局限，拓展了实验教学的内容和深度，为创新性学习提供了广阔的平台。

（二）DIS 实验系统的优势

1. 实验器材“模块化”

DIS 数字实验系统的实验器材模块化设计显著提升了实验的灵活性与效率。该系统中，每个实验的器材组件都具有标准化、模块化的特点。通过简易的组装和拆卸，实验器材能够快速适应不同的实验需求。例如，模块化的实验器材可以方便地进行调整和替换，使得用户能够根据不同的教学需求或实验目标，快速配置所需的设备。此外，模块化系统还能够降低系统故障率，使得器材的维护和更换更加高效。这种设计大大减少了教师和学生的时间成本，有助于提高实验效率，并为实际操作的顺利开展提供了保障。

2. 实验测量“多样化”

DIS 数字实验系统的多样化测量功能使其在众多领域的实验教学和科学研究中表现出色。不同于传统实验中的单一测量工具，DIS 系统采用了各类高精度传感器，能够捕捉并记录多种复杂的物理现象。例如，通过加速度传感器，能够精确测量物体的加速情况；通过压强传感器，可以实时监测压力的变化。更重要的是，这些传感器与数据采集系统无缝连接，可将采集的数据传输到计算机进行分析，实时显示测量结果并对其进行处理。这种数字化的测量方式极大地扩展了传统实验所能涵盖的物理量范围，使得用户可以在同一平台上进行多种物理量的综合测量与分析，从而提升实验的多样性和适应性，以满足不同教学和科研需求。

3. 实验结果“精准化”

DIS 实验系统的高精准度和广泛适用性使其在实验数据采集方面具备显著优势。通过先进的传感器技术，DIS 系统能够以极高的精度测量各种物理量，这对需要高精度实验数据的科研项目具有重要意义。例如，在力学实验中，DIS 系统的力传感器能够提供 0.01N 的高精度测量数据，而传统方法往往无法实现如此高的精确度。在时间测量方面，光电门传感器的精度可达到 10^{-5}s。这使得时间测量更加精确，避免了人为操作带来的误差。此外，这种精度还可在实验过程中实现实时监控和数据记录，这大大提升了实验结果的可靠性和有效性。通过高精度的数据采集，DIS 实验系统不仅能够优化实验过程，也为实验结果的分析和理论研究提供了坚实的数据支持。这些优势使得 DIS 系统能够在复杂的物理实验和科研领域中发挥巨大潜力，为科学实验的高效开展奠定基础。

4. 实验过程“可视化”

在传统实验中，数据记录由人工操作完成，存在记录不连贯、遗漏数据的现象，从而导致实验结果呈现的物理量难以实时、直观地展示。DIS 实验系统的优势在于其通过高精度传感器实时采集、记录数据，并将其转化为学生易于理解的形式，如图像、表格等。这种可视化的表现形式能够帮助学生更好地掌握实验内容与实验过程。例如，在探究牛顿第三定律的实验中，力传感器能够实时记录物体受力的变化，并通过计算机以图像或图表的形式显示力的大小随时间变化的趋势。通过这种实时数据呈现，实验现象变得更加直观，学生不仅能够看到实验数据的连续变化，还能通过图形和表格更清晰地理解物理量之间的关系和变化规律。因此，DIS 实验系统通过可视化手段消除了传统实验中数据记录的不连贯性，使得实验过程更加清晰、连贯，极大提升了实验教学的互动性和趣味性。

5. 数据采集与处理“智能化”

DIS 数字实验系统通过先进的软件和硬件配置，提供了多种数据采集方式，如连续采样、单点采样和阈值触发采样等。灵活设置采集方式使得实验数据能够在不同实验条件下实现自动化采集，从而极大地提高了实验的效率。数据采集器能够实现对多个数据源的同步测量，以满足不同实验对多参数、多维度数据的需求。DIS 系统的数据处理功能具备高度智能化，可以对采集到的实验数据进行多种数学运算，如计算数据的平均值、最大值、最小值，进行数据拟合、图线面积计算、积分运算以及自定义运算等。例如，在研究向心力的实验中，传感器能够自动记录同一时刻的向心力（F）与时间数据，将其存储在预设表格中。系统能够自动对 F 数据点进行一次拟合和二次拟合，从而清晰展示物理量之间的关系，并有效地提高实验效率。这种智能化的数据处理能力不仅显著减少了手动计算和数据处理的时间，还能够帮助学生迅速找到物理量之间的内在联系，从而加深其对实验现象和规律的理解。

6. 教学手段“现代化”

DIS 数字实验系统，凭借以传感器为核心的技术架构，实现了信息技术与物理学科的深度融合。通过这一融合，数字实验不仅为高中物理教学注入了新的活力，还让学生在较早的阶段就接触并熟悉传感器、数据采集器等现代化工具。学生通过直接操作这些设备，不仅能够掌握现代仪器的测量原理与使用方法，还能深入理解其在物理实验中的应用价值，为日后的学习和科研奠定了坚实的基础。此外，数字实验系统的引入还有助于拓宽学生的思维广度，培养他们适应快速发展的科技时代的能力。通过与现代化仪器的接触，学生能够提升信息化工具的应用能力，进而适应当前知识和信息爆炸的时代背景。同时，教师也可以借助数字实验创设多样化的教学情境，激发学生对生活中物理现象的思考，并鼓励学生在实验过程中拓展创造性思维。这种方式不仅提升了物理教学的趣味性，还激发了学生创新思维的潜能，为学生今后的学术和职业生涯提供了有力支持。

7. 实验整合“多样化”

DIS 实验系统具有高度模块化的实验器材和广泛适用的传感器，能够测量多种物理量，形成了良好的设备基础与实验平台，为学生开展创新实验提供了丰富的资源。通过数字实验系统，学生不仅能够根据已有的物理学理论知识，结合现代技术工具，设计出具有创新性的实验，还能够通过灵活的器材组合与通用计算机软件的支持，实现实验的多样化和个性化。这种开放式实验平台设计，极大地拓宽了物理实验的应用范围提高了实验实施的可能性。此外，教师也能够基于教学需要对数字实验进行深入的反思与改进，或结合传统实验器材进行优化与整合，从而设计出更加高效、创新且富有趣味的实验方案，不仅能够丰富传统教学方法，还能提升学生的实验创新能力和解决实际问题的能力，从而推动实验教学模式的发展与升级。这种多样化的实验整合方式，不仅为学生提供了更多的动手实践机会，也为教师创造了更为广阔的教学创新空间，有助于提升教学质量与学生的学术素养。

二、DIS 实验系统在高中物理实验教学中的应用原则

（一）适合学生的认知与发展

高中生已经具备了一定的认知基础，且随着年龄的增长和知识的积累，其认知能力持续发展，逐步从感性认识向理性认识转变。在此过程中，虽然学生已能够较为系统地理解抽象概念和复杂的物理现象，但面对新的学习工具和实验方式，仍需通过一定的认知过程进行适应。因此，DIS 实验系统的引入必须充分考虑学生当前的认知水平与发展规律，特别是在不同阶段的物理学习过程中，必须依据学生对知识的掌握情况，设计出合理的实验难度和实验内容。具体而言，DIS 实验的实施不应过于简单或过于复杂，而应注重循序渐进，使学生能够在其认知基础上逐步提升对物理实验的理解与掌握。此外，DIS 实验不能仅仅停留在形式化的展示层面，必须注重其与学生认知发展的实际结合，从而确保实验教学的效果。

（二）充分发挥 DIS 实验的优点

DIS 实验系统在物理教学中的独特优势，使其成为传统物理实验教学的有力补充。在实验教学中，应当充分挖掘 DIS 实验系统的优势，并将其与具体教学内容有效结合，以提高课堂的教学质量和效率。例如，DIS 实验系统能够动态地呈现物理量变化的全过程，而在传统物理实验中，某些关键物理量的变化细节往往难以直观呈现或难以进行精确测量，DIS 实验则可以通过数字化手段高效、准确地完成这些操作。因此，DIS 实验特别适合用于研究那些传统实验中难以实现、数据处理复杂或者由于实验条件限制而无法准确测量的物理现象，如力与运动关系、波动与光学现象等。这不仅能帮助学生

更好地理解抽象的物理概念，还能极大地提高实验教学的互动性和趣味性，进而增强学生的实验参与感和学习动力。

（三）提高实验教学的高效性

DIS 实验系统的引入能够显著提高物理实验教学的效率，特别是在数据采集、处理和分析的过程中。在传统物理实验中，学生往往需要手动进行数据记录、测量、计算，不仅耗费大量时间，还容易导致数据误差。而 DIS 实验系统通过自动化的方式实现数据采集和实时反馈，大大缩短了实验时间，并减少了实验过程中的人为误差。更重要的是，DIS 实验能够提供实时的可视化反馈，帮助学生更直观地理解实验结果和物理现象的变化规律，让学生可以及时发现问题并进行调整，从而提高实验操作的精度和实验结果的可靠性。此外，DIS 实验系统的高效性还体现在其对实验教学节奏的优化上，教师能够根据学生的学习进度灵活调整实验内容和难度，确保每个学生都能够在良好的学习状态下完成实验任务，以此提升教学的整体效果和教学质量。

（四）增强感知、提升兴趣

DIS 实验系统作为一种现代化实验装备，在实验装置、实验方法、实验呈现以及实验结果精准性等方面，都能给学生带来强烈的现代科技感知冲击与深刻体验。与传统物理实验相比，DIS 实验系统凭借高科技的实验平台和精确的数据采集技术，让学生在实验中感受现代科技力量，进而激发其对科学的兴趣与好奇心。在此过程中，学生不仅能够直观地理解物理实验背后的科学原理，还能通过互动式的实验操作培养科学探索思维。DIS 实验能够有效引导学生关注当代科技的进步，增强他们的科学精神和创新意识，激发学生主动参与学习的热情。此外，DIS 实验系统高效的实验反馈，也有助于学生深入理解物理现象和规律，培养他们对实验的持久兴趣，鼓励他们勇于探索新的物理问题和解决方案，从而提升其科学素养和实验能力。

（五）扩展视野，创新应用

随着科技的不断进步，物理实验的创新与发展应紧跟时代步伐。DIS 实验系统为实验教学的创新提供了新的平台与思路。在传统物理实验中，由于设备限制，学生往往只能进行一些较为基础的实验操作，而 DIS 实验系统的引入则突破了这一局限。它不仅为课堂实验提供了更加丰富的实验方式和多元化的实验手段，还为学生提供了一个创新实践的良好平台。通过DIS实验，学生不仅能够熟悉现代实验技术和方法，还可以在这一全新的实验环境中，探索和尝试更加创新的实验设计。学生可以基于DIS实验系统的技术优势拓宽自己的视野，了解当代实验技术的发展趋势，同时掌握更加先进的实验工具与手段，进而提升他们的实验设计和研究能力。特别是在课外实验活动中，DIS实验系统为学生提供了自主设计和实施实验的可能性，学生能够自由选择实验题目、设计实验方案，并通过系统的支持进行实验实施和数据分析，从而培养其独立思考和创新实践的能力。此外，DIS实验系统的灵活性和开放性也鼓励学生在实验中进行跨学科的应用，探索物理与其他学科的交叉点，进一步激发他们对科技创新的兴趣，为未来的学术发展奠定坚实的基础。

三、DIS实验系统在高中物理实验教学中的应用案例

以下将以探究向心力的表达式为例，详细阐述DIS实验系统在高中物理教学中的应用，并展示其如何有效地促进学生的学习和理解。

（一）课堂引入

在物理课堂的引入环节，教师通过实际操作展示一个简单的实验：将弹簧测力计与小车连接，让小车在台面上进行圆周运动。在实验过程中，教师引导学生观察弹簧测力计的示数变化，学生通过实际观察和体验，感知向心力的存在。这种直观的实验演示，能帮助学生建立对向心力概念的初步认知，激发他们探究物理现象背后原因的兴趣。这种以实验为基础的教学方式，使抽象的物理概念变得具体而易于理解，极大地增强了学生的学习动机和学习效果。

（二）创设情境，激发思考

在实验开展过程中，教师可以设计情境进一步激发学生的思考与探索欲。每组学生领取一个系有细绳的小球，用手抓住绳子的一端，让小球在桌面上做匀速圆周运动。教师引导学生调整小球的转动半径、转速以及小球的质量，学生可以通过亲身操作，观察、感受细绳拉力随这些变量变化的情况。这种互动式的实验设计，让学生更直观地理解力与物体运动之间的关系。此时，教师鼓励学生基于实验现象提出假设与猜想。学生会自然产生疑问：向心力的大小与哪些物理量有关？通过实验的反馈，学生可以初步推测出向心力与

物体的质量、圆周运动的半径、转速等物理量之间的关系。教师则进一步引导学生思考，向心力不仅仅与物体的质量和半径相关，还可能受到其他物理量的影响，比如角速度、线速度和周期等。让学生在此过程中逐渐形成对向心力定量关系的初步理解，并提出诸如 $F \propto (m, \omega, r, v, T)$ 等猜想。

（三）实验探究

根据学生的体会，教师引导学生采用控制变量法探究向心力与质量、半径、角速度之间的关系。

第一，保持质量 m 和半径 r 不变，探究向心力与角速度之间的关系。按照实验说明安装好向心力实验器，将力传感器和光电门传感器接入数据采集器，连接好计算机，打开教材专用软件，找到“向心力研究”，在软件界面下方输入砝码质量、遮光宽度、光电门到转轴的距离等数据。开始记录前，对传感器进行调零，转动旋臂，随着转动速度逐渐变快，角速度逐渐增大，在计算机界面会自动记录下一组组 $F-\omega$ 数据点。停止记录后，对得到的数据进行函数拟合，首先进行一次拟合，根据拟合结果发现，只有极个别点出现在图线上，由此证明，向心力与角速度不是一次函数关系。接下来，对数据点进行二次拟合，由拟合结果可以看出，绝大多数的数据点出现在了图线上，由此可知向心力与角速度的二次方成正比。也可以通过拟合 $F-\omega^2$ 图像，发现图像是过原点的倾斜直线，由此可知在质量和半径不变时，向心力与角速度的二次方成正比。

第二，保持质量 m 和角速度 ω 不变，探究向心力与半径之间的关系。控制砝码质量不变，改变砝码半径，并输入到对应的表格中，转动悬臂计算机自动记录数据点，多次改变半径，重复上述步骤，得到多组 $F-\omega$ 的数据点。对得到的数据点进行二次拟合，选择角速度相同的 F 值，软件会自动记录下半径不同时对应的向心力的值到对应的表格中，选择生成 $F-r$ 图像并对其进行一次拟合。由拟合结果可知，当质量 m 和角速度 ω 不变时，向心力 F 与半径 r 成正比。

第三，保持半径 r 和角速度 ω 不变，探究向心力与质量之间的关系。控制半径不变，改变砝码质量，并将质量的数值输入到对应表格中，转动悬臂计算机自动记录下数据点，多次改变砝码质量，得到几组 $F-\omega$ 的数据点；对得到的数据点进行二次拟合，选择角速度相同的 F 值，软件会自动记录下质量不同时对应的向心力的值到对应的表格中，选择生成 $F-m$ 图像并对其进行一次拟合。由拟合结果可知，当半径 r 和角速度 ω 不变时，向心力 F 与质量 m 成正比。

根据以上实验结果可以证明：向心力的大小与质量 m 成正比、与角速度的平方 ω^2 成正比、与半径 r 成正比，由此可以得到：$F_{向}=km\omega^2r$，当 m，ω，r 都取国际单位时，k=1，此时可以得到向心力的最终表达式：$F_{向}=m\omega^2r$。

在以上利用 DIS 数字实验进行向心力表达式的探究中，通过利用力传感器测得向心力大小，挡光杆和光电门传感器测得角速度大小，再借助计算机软件自动描点连线功能直观地确定物理量之间的关系，弥补了传统向心力演示仪缺乏数据支撑的不足，提高了实验的效果，使向心力表达式的得出更具科学性，同时也加深了学生对向心力表达式的理解。

第三部分　物理教学中学生科学素养的培育

科学素养不仅仅是对科学知识的掌握，更是一种能够理解、分析和解决实际问题的能力，在物理学科中，学生的科学素养尤为关键。基于此，本章着重探究高中物理教学中，对学生科学思维、科学探究素养、科学态度与责任的培育。

第七章　高中物理科学素养的培育

第一节　高中物理科学思维的培育

一、思维与科学思维

（一）思维

研究科学思维，首先要对思维进行分析，而科学思维从属于思维，具有思维的特征和相似的认知活动过程。

1. 思维的内涵

思维的概念在不同学科领域具有多种阐释。在哲学认识论视角下，思维被界定为个体运用理性分析揭示事物本质与整体特征的认知活动，其核心在于借助辩证方法理解事物的动态变化[①]。在生理学研究中，随着脑科学的发

① 王利军．论马克思实践思维方式的哲学变革［J］. 大庆社会科学，2022（1）：48-53.

展，思维的物质属性逐渐被揭示，研究表明其与脑电波的快波活动密切相关，进一步佐证了思维的生理机制①。心理学领域将思维视为个体对客观现实的主观能动反映，强调认知发展过程中思维模式的演变及其对外界认知的影响②。在信息论框架内，思维被比喻为类似计算机控制系统的过程，即人脑对外界信息的接收、处理和存储机制③。这些不同视角的探讨共同构建了对思维概念的多维理解，展现了其在不同研究领域的丰富内涵。

2. 思维的特点

思维的特征主要体现在两个方面：间接性与概括性。

间接性体现为个体借助已有的知识经验对无法直接感知的事物及其相互关系进行加工和推理。思维活动并非依赖于直接感知，而是通过已有的信息进行综合分析，从而获得对客观事物的理解。

概括性表现为思维能够提取事物或现象的共性特征，并揭示其内在本质联系。个体在认知过程中，通过思维的抽象与归纳，能够超越具体经验的限制，并从个别事例中总结出普遍性、规律性认知。

3. 思维的过程

（1）分析思维过程与综合思维过程

分析思维过程是指在认知活动中，将研究对象从整体拆解为各个部分或要素，并对其内部结构、相互关系及其对整体的影响进行深入探讨的过程。这种思维方式强调对事物的分解和细化，使个体能够从局部入手，进一步揭示其内在机理及演变规律。

综合思维过程是对研究对象的各个部分或要素进行整合，并在整体层面把握其本质特征与内在规律的思维方式。其核心在于基于对局部的分析，实现对整体的理解，使个体能够从系统角度认知事物，形成对问题的全面判断。分析与综合思维过程相互依存，分析为综合提供基础，而综合则使分析的结果得以系统化，由此二者共同构成思维活动的重要方式。

① 卢永宏．用思维丈量课堂——基于脑科学的思维课堂实践 [J]. 教育家，2021（43）：65-66.

② 蔡文婧．皮亚杰认知发展理论对物理教学的启示 [J]. 成才，2021（21）：42-43.

③ 黄辉．思维信息论 [J]. 理论与改革，2001（2）：21-24.

（2）比较思维过程与分类思维过程

比较思维过程是一种通过对事物或现象进行对比，以识别其相似性与差异性的思维方式。在此过程中，个体对不同事物的特征进行辨析，从而明确它们之间的异同。比较思维既关注事物的外在表现，也涉及其内在属性，以实现对比分析的深入性和全面性。

分类思维过程是一种依据事物或现象的共同点与差异点，将其归入不同类别的思维方式。此过程强调对事物特征的归纳与整合，以建立合理的分类体系。分类思维不仅要求识别事物的本质特征，还需遵循一定的标准，使分类结果具有逻辑性和系统性。

（3）抽象思维过程与概括思维过程

抽象思维过程是指个体在认知活动中，通过分析事物或现象的各种影响因素，提取其中的本质特征和主要因素，并舍弃次要或非本质因素，以便更深入地理解所研究对象的内在机制。这一过程的核心在于区分事物的主次要素，使认知活动能够聚焦于决定性因素，从而为进一步的理论建构提供基础。抽象思维不仅有助于消除外部环境或偶然条件的干扰，还能使个体对研究对象的认识更具针对性和准确性。

概括思维过程是在抽象的基础上，将提取的本质特征和主要因素进行整合，从而形成一般性的概念、原理或规律。这不仅涉及对个别现象的归纳，还要求在不同情境下进行广泛比较，以确保得出的结论具有普遍适用性。概括思维能够提升认知的系统性，使个体在复杂现象中建立起清晰的理论框架，从而促进个体对客观世界的整体理解。

（4）具体化思维过程

具体化思维过程是指将抽象概念、原理或规律与具体情境相结合，以实现知识应用的思维方式。在此过程中，个体通过对已有认知的转化，使其适用于现实问题的解决。具体化思维不仅涉及对理论的理解，还包括对实际情况的分析，以确保理论与实践的有效衔接。

（二）科学思维

1. 科学思维的界定

科学思维的核心特征体现在其对客观事物的认识具有高效性、有序性和可操作性。在思维活动中，人们对大量信息进行加工，但这一过程可能伴随低效、无序甚至错误的判断。因此，相较于一般思维，科学思维更加强调认知活动的系统性与准确性，以确保对客观事物本质及其规律的有效揭示[①]。

物理学科核心素养是指学生在接受物理教育过程中形成的适应个人成长和社会发展的价值观念、品格以及关键能力。其中，科学思维特指基于物理学视角的认知活动，即通过抽象概括物理模型，运用分析与综合、推理与论证等方法，探索物理现象的内在规律，并在此基础上形成合理的科学解释；它不仅涉及事实与数据的整理，还包括对不同观点的质疑、批判、检验和修正，最终构建出具有创造性的物理认知体系。

物理学核心素养中的科学思维与一般意义上的科学思维有所区别，其关键在于研究视角的限定，即基于物理学方法论对客观世界进行探究。因此，本书所探讨的科学思维主要指向物理学领域，即有意识地运用思维活动，并对物理现象与问题进行系统分析，以揭示其本质特征和内在规律。

2. 科学思维的要素

（1）模型建构

模型建构是基于研究问题和已知情境，对事物或物理现象进行抽象与概括，以构建能够反映其本质特征和共同属性的研究工具。这不仅是个体认知世界的重要手段，同时也是科学研究中不可或缺的思维方式。

物理模型的建立是物理规律和理论发展的基础。在复杂的物理情境中，事物的本质特征往往被大量外部因素所掩盖，因此，需要通过筛选与简化，舍弃无关或次要因素，以突出影响事物变化的核心要素，从而揭示其客观规律。然而，模型建构的目的并非局限于记忆已有模型或套用固定解题模式，而在于培养个体的思维能力，使其能够分析影响事物变化的关键因素，并在真实情境中构建合理的模型。

（2）科学推理

科学推理是基于已有信息、物理知识和经验，通过定性或定量分析方法，探索事物或现象之间的内在联系，并由此推导出新的结论的思维过程。

由于事物之间的关系并非始终可以通过直接感知而获得，因此需要借助逻辑分析，在思维活动中运用归纳、演绎和类比等方法，对相关因素进行剖析，从而形成科学的判断。科学推理不仅是物理学研究的重要工具，也是培养逻辑思维能力的关键途径。在教学过程中，引导个体运用不同推理方式分

① 续佩君，卢慕稚，任炜东．感受科学所在，提升科学思维——兼论理科的课程定位与人类的悟性学习［J］. 课程·教材·教法，2022，42（2）：117-124.

析物理现象，有助于提升其逻辑推理能力，使其能够在复杂情境下自主构建合理的科学论证体系。

（3）科学论证

科学论证是一种运用科学知识对物理现象和问题进行分析、解释和预测的高级思维能力。在这一过程中，个体基于已有的信息、数据或实验结果，提出论点并加以论证，同时对不同观点进行审慎分析，以确保研究结论的客观性和合理性。科学论证不仅关注事实与数据的收集，还强调逻辑推理和严谨的论述过程，以增强论证的可靠性。

在教学实践中，学生需要通过分析和推理提出假设，而假设的成立与否则需借助已有理论或实验加以验证。唯有经过科学方法论证所得出的结论，才具有较高的可信度和解释力。因此，科学论证不仅是科学探究的重要环节，也是培养学生批判性思维和问题解决能力的关键途径。

（4）质疑创新

质疑创新是一种以创造性思维为核心的思维方式。其中，质疑体现了对既有知识、实验现象或公认结论的批判性审视；而创新则是在质疑的基础上，运用已有信息提出新的观点或创造具有社会价值的成果。二者相辅相成，质疑往往是创新的起点，而创新又反过来推动更深层次的质疑与探索。

教育作为科学技术创新的基础，强调培养学生的质疑精神和创新能力。在教学过程中，引导学生对已有知识和实验现象进行合理质疑，有助于激发其好奇心和探究欲望。通过教师的引导与实践验证，学生能够从质疑出发，逐步形成创新思维，从而实现对知识体系的深化理解，并进一步推动科学和技术的发展。

二、高中物理科学思维的培养策略

（一）在物理模型建构中培养科学思维能力

1. 情境设计，激发学生思维活动

从高中物理教材与考试内容的分析来看，物理知识的学习与考查往往要求学生基于特定情境建构并应用物理模型，再进一步进行推理与论证。因此，情境设计在物理教学中具有重要作用，它不仅能够激发学生的学习兴趣，还能通过合理的情境选择与顺序安排，引导学生深入理解物理模型的本质，提升其在不同情境中的迁移应用能力。情境设计在模型建构教学中尤为关键，

主要包括情境的选择与顺序的呈现。

在情境的选择方面，应综合考虑学生的认知特点和物理模型的适用性，从日常生活、科技发展、历史故事、影视片段等角度入手，选取契合教学内容的情境。日常生活情境能够缩短物理知识与学生生活经验之间的距离，使学生直观感受到物理模型在现实中的应用价值，从而增强他们对知识的理解。科技发展情境则能将抽象的物理概念与前沿科学相结合，使学生在学习过程中感受科技创新的魅力，增强对科学技术的关注度，并在潜移默化中培养学生探索科学的兴趣与志向。此外，历史故事和影视片段情境因其直观、生动的特点，也能够有效激发学生的学习兴趣，使其更主动地参与物理知识的建构过程。情境的选择并无固定模式，应依据学生的具体情况和教学内容的需求进行灵活调整，以确保情境的有效性和针对性。

在情境的顺序呈现方面，合理的情境安排应遵循一定的逻辑关系，以帮助学生建立清晰的认知框架。情境的呈现可以采取对比分析或递进深化的方式，引导学生逐步揭示物理模型的核心特征。例如，在某些概念教学中，教师可先呈现一个容易引起误解的情境，使学生产生疑问或形成初步判断；再通过后续更具代表性的情境对其进行修正和深化，使学生能够在思维碰撞中理清概念的本质。例如，在质点模型的教学过程中，若先引入“地球围绕太阳公转”这一情境，学生可能会认为只有当物体尺寸远小于运动尺度时才能被视为质点。然而，若随后引入“列车整体平移过桥”这一情境，学生则会发现，即便物体尺寸相对于运动环境不可忽略，只要其整体运动状态保持一致，也可以将其视为质点。通过这类递进式的情境设计，能够帮助学生构建更准确的物理认知，掌握模型适用性的判断标准。因此，情境的顺序安排并非随意，而是需遵循一定的逻辑结构，以促进学生的深层次理解和认知迁移。

2. 有效设问，引导学生构建模型

在物理学习过程中，学生常面临这样一种现象：面对具体问题时无从下手，但在查看答案后却觉得问题本身并不复杂。这种现象的根源在于学生缺乏将具体情境抽象为物理模型的能力，进而导致其无法明确思考方向。因此，教师在教学中应通过有效设问，引导学生逐步建立模型，从而培养其科学思维能力。

首先，教师需引导学生回顾已有物理模型的应用条件，并针对具体问题提出疑问。例如，在竖直上抛运动中，学生可能默认忽略空气阻力，而直接

应用理想模型。然而，当题目中明确需要考虑空气阻力时，学生需意识到原有模型的应用条件已发生变化。通过设问，教师可帮助学生明确问题的关键点，即空气阻力的引入对模型的影响，从而激发学生进一步思考。

其次，教师需引导学生对原有模型进行修正和扩展。在考虑空气阻力的情况下，学生需重新分析小球的受力情况，并运用牛顿第二定律求解加速度。这一过程不仅要求学生掌握基本的物理定律，还要求其具备将理论应用于实际问题的能力。通过设问，教师可帮助学生逐步分解问题，从受力分析入手，明确空气阻力在小球上升和下降过程中的方向变化，进而推导出不同阶段的加速度。

再次，教师还需提醒学生注意空气阻力方向的变化对运动过程的影响。在小球上升阶段，空气阻力与重力同向，导致加速度增大；而在下降阶段，空气阻力与重力反向，导致加速度减小。通过将运动过程划分为不同阶段，学生能够更清晰地理解加速度的变化规律，并将其反映在速度—时间图像中。

最后，教师需引导学生将理论分析结果与图像表征相结合。通过设问，教师可帮助学生理解加速度与速度—时间图像斜率之间的关系，从而排除错误选项。

（二）在物理科学推理中培养科学思维能力

1. 教会学生科学推理的方法

科学推理要求学生能够识别事物或现象之间的内在联系，并从多个已知结论中推导出新的见解。然而，事物与现象之间的关系并非显而易见，通常隐藏在更为复杂的因素之中。因此，教师需要教会学生运用科学推理方法，从纷繁复杂的事物和现象中提取出有意义的联系。

科学推理的常见方法包括归纳法、演绎法和类比法，以及等效替代法、控制变量法、因果推理法和逆向推理法等。这些方法各有特定的应用场景，通过引导学生掌握这些方法，教师不仅能够帮助学生理解物理现象的规律性，还能激发其批判性思维和创造性思维。在课堂教学中，教师应注重引导学生运用科学推理方法来探讨问题，着重培养学生的思维能力，而非单纯地让学生记忆某一特定方法。在习题课中，教师应利用典型的例题，引导学生应用科学推理方法来分析解题过程，重点突出推理过程而非最终答案的准确性。这种教学方式可以促使学生更加注重思维的严谨性与逻辑性，从而提高其解决实际问题的能力。

2. 加强物理知识的系统性

物理学知识体系内各个要素之间紧密相连，形成一个整体化的知识网络。学生在学习物理过程中，必须理解各个知识点之间的关系，并通过这些关系构建起完整的知识框架。在此过程中，教师的职责不仅仅是传授单一的知识点，更重要的是帮助学生识别并掌握知识之间的内在联系，从而增强其对物理知识的整体性理解。

教师在教学中应通过提问和板书的方式，引导学生识别物理知识的因果关系、包含关系以及并列关系等；并通过具体的科学推理方法，如归纳、演绎和类比等，帮助学生将零散的知识按照一定的逻辑结构进行整理与关联。通过这种方式，学生能够更清晰地看到物理知识的结构，并在思维中建立起一个系统化的知识网络。

为了进一步帮助学生构建这种知识体系，教师可以鼓励学生绘制知识联系网图，并通过不同颜色标记出各个知识点的关键部分，以此加强学生对知识的印象。这种视觉化的方式，有助于学生将抽象的物理概念转化为更易于理解的形象，使他们能够更加有效地掌握并运用这些知识。在实际解题过程中，教师应引导学生重视解题思路的培养，帮助学生识别题目中的关键信息，并与已学的相关知识进行对比和应用。

第二节　高中物理科学探究素养的培育

物理是一门重要的基础学科。高中物理教学不仅能让学生认识和了解自然规律，还能够激发学生的探究精神，培养提出问题、分析问题、解决问题的能力，从而在中学阶段为国家培养探究型人才。

一、精心设计，引导学生提出问题

提出问题是进行科学探究活动的首要环节，不能发现问题就不能提出问题，更不可能开展科学探究。教师通过实验培养学生科学探究素养时，要先引导学生提出问题，可以从学生的生活实践和物理学习着手。不是所有的问题都有价值，要想培养学生能够提出有研究价值的问题，关键在于引导学生发现事实与认知之间的矛盾，并以事实为依据展开质疑。要让学生明白探究的到底是什么问题，以及应该怎样探究。

（一）创设情境，提出探究性问题

善于发现问题并解决问题，是学生激发探索欲望的前提，也是科学探究的核心。问题通常来自日常生活及物理学习中的具体情境。因此，在实验教学中创设适宜的情境能够有效激发学生的求知欲，从中发现问题，进而提出具有探究价值的物理问题。通过教师的引导，学生能够

1. 以引导学生探究为目的创设情境

在物理课堂中，教师不仅是教学活动的组织者，更是学生学习的引导者。因此，教学设计应在课前进行充分规划，明确学生的学习目标与学习方式。课堂中，教师需注重创设良好的教学环境，鼓励学生在具体情境中提出问题，并通过逐步引导促使学生深入思考和探究。通过精心构建具有吸引力和针对性的教学情境，教师能够有效地激发学生的学习兴趣，帮助他们更好地观察和理解理现象，从而引导学生主动提出问题并寻求答案。

教学情境的创设应以学生的知识基础为起点，并结合实际教学需求，逐步引导学生进入探究活动。教师不仅要鼓励学生进行初步的思考和实验探究，还应通过反思和总结经验，激发学生的自主学习意识。在这一过程中，学生通过实践不断加深对知识的理解，并在不断地思考与探索中实现自我提升。

2. 选择相关物理学史情境

物理学史记录了深入理解物理概念和规律的形成过程，为学生提供了重要视角。科学家的典型事例，不仅能让学生理解科学发展的历史脉络，还能让他们体验科学探究的具体过程，从而增强对科学方法的认同和应用能力。在教学中，教师可以通过引入与教学内容相关的物理学史情境，帮助学生发现问题、分析问题，并在此过程中培养他们的科学思维和探究意识。

通过学习物理学史中的重大科学发现，学生能够更好地理解物理概念和规律的形成过程。例如，在讲解“单摆”时，可以通过伽利略的实验引入这一主题。伽利略通过观察屋顶吊灯的摆动现象，发现摆动的周期与摆长有关，而与摆动的幅度和重物的质量无关。伽利略虽然没有给出具体的计算公式，但他的实验设计和控制变量法，奠定了单摆研究的基础，并启发后人发明了脉搏测量仪。此类历史事件展示了科学家如何通过实验和思考提出假设、进行验证，并在科学研究中不断试探与推理的过程。

继伽利略之后，惠更斯对单摆进行了更深入的研究，并通过大量数学计算，最终推导出单摆周期的计算公式。惠更斯的研究不仅丰富了单摆的理论

体系，还进一步推动了时钟的发明，显示出科学探究的不断深化和技术应用的拓展。通过对这些内容的学习，能让学生认识到，科学研究是一个逐步推进的过程，其中每一个发现都可能引领新的探索和技术创新。

通过对物理学史的学习，学生不仅能了解科学的发展过程，还能领会到科学探究中持续质疑和创新的重要性。教师应通过分析历史事例，激发学生的好奇心和探索精神；培养他们面对物理现象时，能够提出合理假设，并通过科学实验和推理验证假设，从而帮助学生形成科学思维和探究精神。

3. 依据生活情境，促进学生好奇心

高中物理课程内容与学生日常生活中的物理现象联系紧密，教学应注重将物理知识与生活实际相结合，使学生能够感知到所学知识在现实生活中的应用。教师在教学过程中可通过融入生活情境，使教学内容更贴近学生的实际经验，从而激发学生对物理学科的兴趣。学生通常对日常生活中的现象充满好奇，教师应善于利用这一心理特点，通过深入探讨这些现象的本质，引发学生的思考，并激励其自主探索。

教学中，教师可以通过将学生熟悉的生活情境作为教学切入点，使学生在实际情境中感知到物理现象的存在与作用。例如，在教授“向心力”时，教师可以通过生活中圆周运动的例子来引导学生思考相关的物理原理。通过展示生活中与圆周运动相关的情境，如游乐场的飞椅，教师不仅能够吸引学生的注意力，还能促使学生思考其中所涉及的力与合力特性，从而激发他们科学探究的兴趣。

在讲解“波的形成”时，教师可以借助学生日常接触到的波动现象，如水波、彩带操等，通过生动的视觉材料激发学生对波动现象的兴趣。教师鼓励学生观察生活中的波动现象，进而引导其探索波动的基本原理，并在实验中验证理论，以此形成科学的物理概念。教师还可鼓励学生结合自身生活经验，寻找其他波动现象，从而促进学生的科学探究素养和思维能力的提升。

（二）掌握科学方法和知识，进行合理假设

在物理学教学中，猜想是指学生在已有知识和经验的基础上，通过观察对正在探究的问题作出预测。通过合理的猜想与假设，学生能更深入地理解科学探究的过程，并通过实验验证自己的思路。然而，学生在实际学习过程中也往往会提出一些发散性较强、缺乏科学依据的猜想，这种现象通常因为

学生的理论知识和实际生活经验不足。因此，教师需要在教学中引导学生如何提出有理论支持且具备逻辑性和科学依据的合理猜想。

教师在指导学生进行猜想与假设时，应观察学生的思考过程，通过提问的方式来检查学生是否具备理论基础，以便确认他们的猜想是否合理、是否有科学支持。此时，教师的提问不仅起到检查作用，还能够进一步引导学生思考，帮助他们梳理已有知识与实际问题之间的关系。有效的猜想往往基于学生对相关知识的理解和运用，因此教师要在课堂上创造机会，引导学生将所学的物理原理与实际现象相结合，并提出合理的预测。

在探究性学习中，教师通常会通过情境设置或问题引导，促使学生进行猜想。例如，当教师提出关于圆周运动的物体在撤去向心力或外力时的运动状态问题时，学生可能会有各种猜想。在这个过程中，教师的角色是引导学生在已有知识的框架下进行合理的推测，并通过与学生的互动逐步引导学生形成一个科学的结论。教师不仅要关注学生的猜想结果，更要注意学生在猜想过程中的思维方式和问题的提出方式，确保学生能够理性、科学地构建假设。

在一些探究性较强的实验中，学生的猜想往往过于发散，且缺乏聚焦，导致难以在课堂上进行有效验证。比如，在研究滑动摩擦力的影响因素时，学生可能会提出与摩擦力相关的各种因素，如压力大小、接触面面积、相对运动速度等。由于这些猜想的范围较广，教师很难在短时间内逐一进行实验验证。因此，教师需要通过简单的演示实验或其他方式，引导学生将猜想的焦点聚集到课堂教学的核心问题上。比如，教师可以通过直观的实验让学生体验不同物体在不同表面上滑动时摩擦力的变化，帮助学生逐步缩小猜想的范围，进而形成更具针对性和可验证性的假设。

此外，教师还应通过引导学生将日常生活经验与物理实验相结合，进一步促进学生合理猜想的产生。例如，在讨论摩擦力的影响因素时，教师可以通过引导学生思考生活中的具体实例，如轮胎的花纹设计、冰面上滑行的鞋底设计等，帮助学生理解如何通过改变接触面粗糙度来增加或减少摩擦力。通过这种生活经验的引导，学生能够更好地将科学理论与实际应用联系起来，提出更符合科学逻辑的猜想。

为了促进学生提出科学的猜想与假设，教师应积极利用学生已有的知识和经验，在教学过程中营造鼓励思考和创新的氛围。教师不仅要关注学生的猜想内容，还要引导学生通过合理的逻辑推理和实验来验证猜想的有效性和科学性。

二、增强引导，培养学生获取证据

在科学探究过程中，获取证据是设计实验与实施实验的重要目标。学生应明确认识到，实验设计需基于提出的假设，而这些假设在本质上体现了实验的目的与条件。在实验操作阶段，学生需根据实验需求选择合适的方法，并通过系统化的数据收集，理解数据是形成结论的基础，同时也是确保结论可信度的关键因素。此外，学生需从“证据”的视角审视实验数据，以严谨、认真和实事求是的态度处理与分析数据。

（一）提高设计实验能力

实验方案的设计是一个极具挑战性的过程，要求学生具备扎实的物理基础、合理的实验思维和创新能力。学生在设计实验的过程中，以探究者的身份，基于其现有知识体系和日常经验，进行假设验证。为了增强学生的实验设计能力，需通过系统的训练和实践，使其形成清晰、科学的实验思路。

首先，学生需要经过反复的实验设计与实践，才能逐步提升其方案设计能力。然而，对于大多数高中生而言，独立完成一个严谨而完整的实验设计方案存在一定难度。因此，教师的引导和支持至关重要。在教学过程中，教师可以组织学生进行小组合作，协力设计实验方案来验证物理现象或探究某些物理规律。在此过程中，教师的主要任务是对学生的实验方案进行评审，关注其科学性、可行性和创新性，并在实验完成后引导学生进行自我反思和小组互评，从而促进其思维的深入和能力的提升。

其次，设计实验方案决定了实验能否顺利开展并取得预期结果。虽然教材中会提供完善的实验方案，但教师可以通过展示一些优秀的实验方案以及不完善的实验方案，引导学生对这些方案进行分析与讨论。学生通过对这些实验方案的审视，学习如何设计合理的实验方案，掌握设计实验的基本步骤和方法，进而理解哪些因素会影响实验的可行性与科学性。

再次，教师应鼓励学生从教材中的实验入手，逐步培养其创新思维。在学生掌握基本实验设计方法后，教师便可以提出相关主题的探究任务，激发学生在已有实验方案的基础上进行创新。例如，教师可以提问学生如何改进现有实验设计，是否有其他方法能够更加有效地验证物理规律。这一过程中，学生将有机会提出新的实验方法，尝试用不同的实验设备和技术手段来探究物理现象，进而培养其创新意识和独立思考能力。

最后，教师还需关注学生在实验设计过程中遇到的问题，特别是在初期

阶段，由于学生缺乏足够的经验，可能会忽视实验方案的可行性或安全性。因此，教师必须对学生设计的实验方案进行严格的审查和指导，确保实验的安全性和科学性。同时，在面对学生方案中存在的问题时，教师要鼓励学生进行积极思考，引导他们发现并解决问题，促进学生在实验设计过程中的全面发展。例如，在研究“加速度与力、质量的关系”时，教材通常会通过槽码牵引小车来进行实验。在完成此实验后，教师可以引导学生思考是否可以采用其他方法，是否有无须平衡摩擦力的实验设计方式。在这一过程中，教师通过激发学生的创新思维，引导他们思考如何借助现代实验仪器进行实验改进，如采用气垫导轨、力传感器或弹簧测力计等，培养学生的创新意识和问题解决能力。

（二）培养主动观察意识

1. 培养观察兴趣

观察是激发学生学习兴趣、引导思维活动及促进智力发展的基础。学生通过观察获得对事物的直观感受，进而增强对现象和规律的理解。在物理教学过程中，教师需充分发挥主导作用，将学生的兴趣转化为对物理探究的积极参与。通过有趣的物理实验，并结合生活中常见的物理现象，教师能够有效地培养学生的观察意识，让学生意识到观察在科学学习中的重要性，并激发学生主动进行观察的兴趣。

物理学中许多规律均来源于日常生活中的常见现象，将这些现象引入课堂，不仅能够提升学生的学习兴趣，还能促使学生思考这些现象背后的物理原理。在课堂教学中，教师通过设计具有趣味性和启发性的实验，让学生亲自参与实验，能够进一步增强学生的实验动手能力和科学探究兴趣。例如，在自由落体运动的教学中，教师可以引导学生思考物体下落快慢与何种因素有关。通过让学生观察不同物体从同一高度下落的过程，教师可以启发学生对物体下落速度的讨论，进而引出与空气阻力等因素相关的结论。这样学生不仅能够理解自由落体的基本原理，还能够通过实验验证自己的假设，从而培养其观察能力和实验思维。

另外，在向心力的教学中，通过展示生活现象的示范性视频演示，教师能够激发学生的好奇心和探索欲望。例如，展示水流星实验时，教师可以引导学生思考为何在快速旋转状态下水不会从水桶中流出。这能帮助学生理解向心力的作用，并将抽象的物理概念与实际生活现象相结合。通过这种方式，学生不仅能够通过观察实验现象来理解物理概念，还能通过实际操作进一步掌握物理知识。

因此，教师在物理教学中应注重从学生的日常生活中提取有趣的物理现象，并设计富有吸引力和互动性的实验，激发学生的观察兴趣。通过这些生动且具启发性的教学活动，学生能够在实践中理解物理学原理，并培养主动探究精神。

2. 引导学生观察演示实验

演示实验是物理教学中的重要组成部分，旨在通过实际操作和现象展示，引导学生从中获取直接经验，促进其对物理概念和原理的理解。然而，学生在观察演示实验时，容易被实验中有趣的表面现象吸引，以致未能充分关注实验本质，从而无法实现预期的教学效果。因此，教师在实验教学中需发挥引导作用，帮助学生有目的地观察并提升其观察技巧。

首先，教师应通过设计问题来引导学生有针对性地观察实验现象。实验中，教师可以在适当的时刻提出问题，要求学生思考实验现象背后的原因，以此激发学生的探究兴趣。这种引导能够促使学生从表面的现象走向深入的思考，帮助他们理解实验背后的物理规律。通过这种方法，学生不仅能够观察到现象的表面，还能从中发现潜在的问题和新的思路，从而激发他们继续探究的动力。

其次，教师需要鼓励学生认真、细致地观察实验现象。实验教学的核心不在于展示物理现象，而在于帮助学生通过观察理解并吸收相关知识。教师应引导学生系统地观察和分析实验中的细节，帮助学生培养细致入微的观察能力。例如，教师可以在演示实验中提出具体的观察任务，引导学生关注实验过程中的关键细节，帮助学生形成全面的思维方式。通过这种引导，学生的观察力将得到显著提高，他们能够更加敏锐地捕捉实验中可能被忽视的细节，从而更好地理解和掌握相关的物理概念。

再次，教师应鼓励学生通过类比和比较，进一步加深对实验现象的理解。通过对比实验现象或生活中的类似现象，学生能够从更广泛的角度思考问题，从而促进学生对知识的深度理解。类比不仅能帮助学生拓展思维，也能帮助他们在已有知识的基础上建立新的认知联系，从而提高他们的创新性思维能力。

最后，教师应通过实验后的讨论和反思，进一步帮助学生整理和总结所观察到的实验现象。在实验结束后，教师可以引导学生对观察到的结果进行讨论，与学生一起分析实验现象是否符合预期，并进一步探讨其中的物理原理和规律。通过这种讨论，学生能够加深对实验现象的理解，并形成清晰的知识结构。此外，反思过程还能帮助学生发现实验中存在的不足，为今后的实验设计和实践提供改进的思路。

（三）在实验探究中培养操作技能

实验设计与操作密不可分，学生通过设计实验方案、选择适当的实验仪器并亲手进行实验操作，能够更深入地理解物理规律。在分组实验中，学生不仅能通过动手操作探索物理现象，还能够在实践中提高观察能力和数据收集能力。教师通过对学生实验过程的观察，评估其实验操作的准确性和熟练程度，并促使学生进行反思和自我评价，从而更好地提高操作技能。

在实验前，教师应与学生共同总结实验的注意事项，确保学生具备必要的安全使用知识和科学操作方法后再进行实验。实验前的准备工作对于实验操作的成功至关重要，教师在介绍实验设备时，需要详细讲解其构造和使用方法。例如，在进行“练习使用打点计时器”的实验时，教师首先应向学生说明打点计时器的工作原理及操作步骤，帮助学生掌握基本的操作技能，再进入实际的测量过程。这一过程中，教师的指导不仅可以帮助学生理解实验设备的使用方法，还能促使学生形成科学的操作习惯，避免因不当操作而导致的实验错误。

在实验过程中，教师应引导学生关注操作细节，确保实验过程的规范性。例如，在进行“用单摆测量重力加速度”实验时，教师应引导学生选择合适的实验器材、确保摆线长度恒定以及将摆动角度控制在合理范围内。通过事先对实验注意事项的总结，学生能够更清晰地理解实验要求，从而减少操作过程中的失误。教师应鼓励学生在实验前后进行充分讨论，思考可能存在的操作误差，进而在实验中采取更加精准的操作方法，确保实验结果的有效性。

在实验过程中难免会出现一些与预期结果不符的现象。这些异常现象通常反映了实验设计或操作中的问题，教师应引导学生分析原因，寻找解决方法。例如，在进行自由落体运动验证机械能守恒定律的实验时，如果出现重力势能减少与动能增加超出误差范围的情况，教师应引导学生分析实验操作是否存在问题，比如是否纸带放置不当，鼓励学生调整实验器材、改进操作方法，并在重复实验中找到合适的实验策略。通过这种方式，学生不仅能够在不断的实验过程中提高实验设计和动手操作能力，还能培养出严谨的实验态度和科学的思维方式。

三、分析总结，引导学生做出解释

做出解释包括对实验数据进行整理、分析，对所得结果进行解释和阐述，最终得出有力的结论。教师要充分鼓励学生对实验进行总结和概括，促使学生从实验数据中提炼出结论，并对实验结论做出合理且科学的解释，以此提高学生的整体科学探究水平。

（一）运用科学方法进行数据分析

在物理实验中，仅仅观察表面现象是不够的，更为重要的是识别现象背后的物理关系。实验数据分析和解释是物理实验不可或缺的一环。通过对实验数据的科学处理，可以揭示物理量之间的相互联系，进而得出有效的结论。任何定量测量的实验都不可避免地涉及误差，正确的实验数据处理可以有效减小误差。在误差理论的指导下，整理、归纳实验数据，并最终得出结论，是数据处理的核心过程。

然而在实际教学中，许多学生在数据处理能力方面存在不足，对误差理论的学习兴趣也较低，这对其实验能力和科学素质的培养造成了障碍。因此，教师需要不断探索有效的教学策略，帮助学生提升数据处理能力和科学思维。通过分析学生的数据处理过程，教师可以评估学生是否能够正确应用科学方法进行数据分析，并引导学生理解实验数据背后的物理原理。

1. 比较法

比较法是物理实验中常用的数据处理方法，它能有效地帮助学生理解实验现象。该方法通过将标准值与实验值进行比较，揭示二者之间的差异，并基于此进行进一步分析。通过对比，学生能直观地观察到实验结果的偏差，进而验证实验的准确性及其与理论值的吻合程度。在应用比较法时，学生需要将实验测得的实际值与理论值进行对照，进而判断实验误差的来源和大小，从而得出科学的结论。此方法具有简便性，能有效提高实验数据的处理效率，同时还能加强学生的思维训练。在使用比较法时，教师应引导学生理解误差的来源，合理评估实验结果的精确性，并通过比较过程不断提升学生的数据分析和实验推理能力。

2. 平均法

平均法是物理实验中常用的一种数据处理方法，它通过对多次独立测量数据进行累加并计算平均值，来提高实验数据的精确度。具体而言，平均法要求将多次测量的结果相加，然后除以测量次数，或者每次测量后先计算平均值，再将所有平均值汇总。这一方法的核心原理是利用多次测量来降低单次测量中的随机误差，从而使测量结果更趋近真实值。采用平均法处理实验数据，不仅能够提高实验结果的准确性和可靠性，还能增强实验结论的说服力。

在物理实验中，单次测量通常存在一定误差，这些误差可能来自仪器的精度、环境因素或人为操作等。通过多次测量并计算平均值，可以有效减少偶然误差，得出更加稳定可信的实验结果。例如，在电阻率的测量中，利用毫米刻度尺测量金属丝的长度和螺旋测微器测量金属丝的直径时，单次测量可能会因人为操作或仪器误差而有所偏差。通过进行多次测量并计算平均值，可以显著降低这些偏差，最终得出更加准确的电阻率数据。同样，在进行“用单摆测重力加速度”的实验中，通过多次测量振动周期并计算平均值，可以有效减小因计时误差或操作不当引起的误差，从而提高实验结果的准确性。

3. 图像法

图像法是物理实验中将数据可视化的重要手段，它通过将实验数据转化为图形形式，直观地展示不同物理量之间的关系，从而帮助学生更好地理解和分析实验结果。在实际的物理实验中，学生需要在坐标纸上标注实验中测得的各种数据，并根据数据间的关系绘制相应图像。通过图像，学生可以直观地观察到数据的分布情况和趋势，这使得复杂的实验数据变得简洁易懂。图像法不仅能帮助学生理解物理量之间的定量关系，还能提高实验教学的效率，促进学生的分析和推理能力。

为了提高作图的准确性，学生需要掌握正确的作图技巧。首先，在坐标纸上作图时，通常将自变量放置于横轴，因变量放置于纵轴，并依据实验要求选择合适的刻度和单位。接着，学生应将实验数据精确标注在坐标纸上，数据点的大小应适中。最后，在绘制图像时，应采用平滑的曲线连接数据点，确保图线尽可能准确地反映数据点的分布特征。特别是对于直线图像，通常需要至少四个数据点来确认线性关系；而对于曲线，则通常需要至少六个数据点才能较好地描绘曲线的形态。在绘图过程中，学生应先剔除那些误差较大的数据点，以确保图像更精确地表达数据的趋势。

图像法在物理实验中应用广泛。例如，在“探究小车速度随时间变化”的实验中，学生通过记录小车在不同时间点的位移变化，然后利用速度公式计算出速度值，并绘制 v-t 图像。通过图像，学生能够直观地看到速度与时间之间的关系，并进一步认识到匀加速直线运动中速度与时间的线性关系。这种图像法不仅能够帮助学生理解物理概念，还能扩展其思维，增强他们对实验数据的分析能力。另外，在测量电池电动势和内阻的实验中，学生通过伏安法测量多个电池的电压（U）和电流（I）值，并将这些数据绘制成 U-I 关系图。通过观察该图像，学生可以进一步求出电池的电动势和内阻。图像法的应用使得实验数据的处理更加直观，同时也提高了实验结果的可靠性和可理解性。

4. 描迹法

描迹法是物理实验中常用的处理方法之一，主要通过使用频闪照相、打点计时器等工具记录连续的点迹，实现物理实验数据的直观展示。这种方法的最大优势在于其能够将抽象的物理量转化为具体的图形，使数据的收集和分析过程更加清晰易懂。通过描迹法，学生能更直接地观察实验现象，有助于他们发现物理规律，并更精确地解释实验结果，从而提升实验的直观性和可理解性。

在应用描迹法时，学生应特别注意对实验数据的处理。以“匀变速直线运动”实验中的纸带为例，要选择清晰且无明显误差的纸带，以确保数据的有效性。对于一些误差较大的点，如纸带起始位置过于密集的点，或因偶然因素导致的偏离正常轨迹的点，应当予以删除，以避免这些数据对实验结果产生不必要的干扰。通过对点迹的仔细分析，学生可以更加精准地理解运动过程，并有效推导出物理规律。

描迹法的应用不仅限于直线运动实验，还可扩展到其他类型的实验中，如平抛运动的规律研究。通过在白纸上留下的点迹，学生能够直观地观察到平抛运动在水平和竖直方向上的变化，从而进一步加深对该运动规律的理解。

（二）锻炼总结归纳能力

在物理实验教学中，从实验数据中得出结论是学生必备的重要能力。结论不仅是对实验结果的总结，更是对实验现象及其背后物理规律的深刻理解与推理。实验结果仅是实验中记录的数据信息，而结论则是对这些结果进行解释并与实验目的紧密联系的推论。学生在总结实验结论时可能会出现各种

问题，如混淆实验结果与结论、结论过于笼统或与实验目的无关等，因此教师需要通过引导和训练来帮助学生掌握科学的总结归纳方法。

教师在教学中应通过提出引导性问题，引导学生对实验数据进行深度分析，得出与实验目的相关的结论。例如，教师可以提问“你的结果是否与实验目的有关联？”或“你的结果和实验得到的数据有什么关系？”促使学生将实验数据与实验目标、所研究的物理现象相结合，从而总结出合理、准确的结论。此外，教师还应鼓励学生进行自我评价和反思，培养他们从实验数据中提炼有意义结论的能力，并对自身的实验过程进行改进和优化。

1. 归纳法

归纳法，亦称为归纳推理，是从具体的个别现象出发，推导出普遍性规律的逻辑过程。在物理教学中，归纳法常用于从实验数据或观察到的具体实例中提炼出普遍性物理规律。通过归纳推理，学生能够总结出物理现象之间的普遍规律，进而深化对物理概念的理解。

在应用归纳法时，教师应帮助学生全面地呈现物理现象，并从多个角度进行观察与分析，以归纳出普适且具有说服力的结论。归纳法不仅有助于学生理解现象背后的物理原理，还能培养其将零散的知识点和经验整合成系统性理论的能力。通过这一方法，学生可以提升举一反三的能力，并加深对物理知识的掌握，促进其在其他情境中的应用。

2. 演绎法

演绎法是从一般性规律推导出具体事例的过程，它是物理思维中不可或缺的推理方法。通过演绎推理，学生能够根据已知的物理规律推导出特定条件下的物理现象。这一过程通常通过三段论的形式进行，即由大前提（普遍规律）、小前提（具体事例）推导出结论。在物理教学中，演绎法能够加深学生对物理概念的理解，帮助他们通过已知的规律推理出尚未直接观察到的现象。

演绎法的应用能够增强学生的逻辑推理能力，并促进其知识迁移。在教学过程中，教师可以设计情境或问题，要求学生从普遍规律中推导出具体的实验结论。例如，在学习曲线运动时，教师可以引导学生通过演绎法分析物体做曲线运动的条件，帮助学生理解力与运动状态之间的关系。这种演绎推理不仅能够帮助学生巩固物理概念，还能增强他们运用这些概念解释日常生活中物理现象的能力。

在物理教学中，归纳法与演绎法不应孤立使用，而应相互结合，相辅相成。归纳法有助于学生从实验数据中总结出普适的物理规律；而演绎法则能够验证规律的正确性，并帮助学生应用规律解决实际问题。归纳法往往用于理论和规律的形成阶段，而演绎法则有助于对理论和规律的理解与应用。归纳法与演绎法的结合能够为学生提供更加全面的学习框架。在实验教学中，教师可以先通过归纳法帮助学生总结出物理规律，再通过演绎法让学生验证规律。这样不仅能提升学生的总结归纳能力，还能培养其系统性思维与逻辑推理能力，从而促进学生对物理知识的深度理解和广泛应用。

四、反思合作，促进学生进行交流

在物理实验教学中，学生的科学表达能力主要体现在系统整理实验思路和准确表述实验细节。为了加强学生科学表述和交流合作的能力，教师在教授学生撰写实验报告的要点、方法后，应鼓励学生独立撰写探究报告。这有助于学生掌握如何组织实验报告的内容，以及设计表格和绘制图表的技能。同时，还要培养学生自我反思习惯，在实验完成后反思自己的不足之处并进行总结，并体现在实验报告中，以便于之后的学习。教师评审学生所撰写的实验报告时，要重点关注结构是否清晰，内容是否完整，语言是否合乎规范，实验报告能否真实反映学生的实验探究水平。

（一）撰写实验报告，养成良好素养

实验报告作为科学探究过程的重要组成部分，是记录实验过程、观察、分析、评估结果并得出结论的书面材料。其核心价值在于通过系统的总结，帮助学生理清实验的思路与方法，深刻理解实验现象，并促进其科学思维的养成。物理实验报告的撰写不仅有助于加深学生对实验内容的记忆，还能提高其解决实际问题的能力。

通过撰写实验报告，学生能够反思实验过程中遇到的问题，分析数据，评估实验结果，并对实验设计与操作进行总结和改进。这一过程不仅有助于学生巩固实验知识，还能够锻炼学生独立思考和团队协作的能力。通过对实验结果的反思和总结，学生能够发现自身在实验过程中存在的不足，并逐步改进实验方法，这为后续实验的设计和实施提供了宝贵经验。

在撰写报告时，教师应通过逐步引导，帮助学生掌握撰写实验报告的基本技能。从简单的报告开始，逐步增加复杂度，以提升学生的报告撰写能力。

教师在培养学生撰写实验报告的过程中，应重点关注报告内容的完整性、准确性、逻辑性和条理性，确保学生能够准确处理实验数据，并合理分析实验结果。此外，教师的评价不仅要关注学生的实验操作能力，还要检查其对实验过程的反思深度以及对实验结论的理解和总结能力。

通过对实验报告的评价，教师能够全面了解学生的实验能力，进而为其提供个性化的指导。实验报告不仅是对学生操作技能的检验，也是对其科学素养和思维能力的考查。在物理实验教学中，教师可通过引导学生反思实验过程中的关键环节，帮助学生深入思考如何改进实验操作，从而促进其科学思维的培养。

在撰写实验报告时，学生需要对实验目的、原理、步骤、数据处理方法及结果分析等方面进行详细阐述。学生不仅要记录实验过程，还要对实验结果进行总结与归纳。例如，在某些实验中，学生可能会遇到实验未按预期进行的问题，如运动轨迹偏离预期、实验数据与理论值不符等。将这些问题记录在报告中，有助于学生总结经验，并在未来的实验中加以改进和解决。

通过反思与总结，学生的实验技能和解决问题的能力将得到提升。撰写实验报告的过程不仅能帮助学生发现问题、提出问题和解决问题，还能增强学生的自信心，激发其创新思维。教师可以通过实验报告，了解学生在实验中的思考过程，并根据学生的表现为其提供针对性的指导。

（二）提升自我反思能力，学会自主学习

在物理实验教学中，反思环节常常被教师忽视。许多教师在实验教学过程中仅按照预定步骤让学生进行探究，若学生遇到问题，教师便直接指出错误并给出正确答案，而未给予学生充足的时间进行思考和反思。这种教学方式未能充分培养学生的自主思维和问题解决能力，也未能激发学生对物理学的深度兴趣。因此，教师应将课堂的主导权逐渐交给学生，鼓励学生进行主动反思并从中获得知识，而不是仅仅依赖教师的指导。

在培养学生自我反思能力的过程中，教师应鼓励学生在实验结束后进行反思。具体来说，学生可以通过小组讨论或撰写个人反思记录来总结实验过程。教师可以通过提问和评价学生的反思记录，帮助学生分析实验中的不足之处，并引导学生改进自己的实验方法和操作。反思不仅可以帮助学生发现并纠正实验中的问题，还能拓展其思维，提升其自主学习和探究的能力。

（1）对实验方法的反思

在进行物理实验时，学生应反思所采用的实验方法和步骤的合理性。通过对实验方法的反思，学生不仅能够完善实验设计，还能提升他们在实验中灵活运用知识的能力。例如，在测量电池电动势和内阻时，学生需要考虑如何正确连接电压表和电流表，并根据不同的电路配置对其作出适当调整。

（2）对实验操作和现象的反思

在实验过程中，学生应保持对实验操作和现象的敏感性。通过反思实验中的每个环节，学生可以更清楚地理解实验背后的物理原理，掌握操作技巧，并能够改进实验中的不当操作。例如，在自感实验中，学生通过对比不同操作步骤产生的现象，能够发现与他们预期的不同之处，并通过深入探讨这些现象背后的原因，进一步加深对物理概念的理解。反思实验现象还能够帮助学生发现细节问题，培养其严谨的科学态度和良好的观察习惯。

（3）对实验结果和误差的反思

实验数据的准确性和可靠性直接影响到实验结论的正确性，因此对实验结果和误差的反思至关重要。学生需要理解如何分析实验数据的误差来源，学会识别和消除系统误差，并通过反复测量或采用多种数据处理方法来提高结果的精度。通过反思实验误差，学生不仅能够优化实验设计，还能培养他们在面对数据偏差时的思维能力。例如，在测量电池电动势和内阻时，学生可能会遇到由于仪器分压或分流产生的系统误差。通过反思和调整测量方法，学生可以减少这些误差，从而得出更加准确的实验结果。此外，学生还可以通过使用不同的数学方法（如平均值法或图像法）来分析实验数据，进一步加深对实验过程的理解，并提高数据处理的能力。

（三）探究各自观点，促进交流与合作

在高中阶段的物理实验教学中，学生不仅要具备独立完成实验的能力，还需要在小组合作和集体讨论中发挥积极作用。科学探究活动应该面向全体学生，涵盖从简单实验到复杂问题的探究。在较为简单的实验中，学生可以通过演示实验或独立探究完成；对于较为复杂的问题，通常需要通过小组合作或全班合作的形式进行探讨。教师应为学生提供合作的机会，通过小组讨论和成果展示，鼓励学生进行实验方案的交流和评估，从而提高学生的自信心并激发他们对科学的兴趣和热情。

第一，教师应注重培养学生的交流与表达能力，尤其是在实验后的反思

和讨论环节。学生应能够用逻辑严谨、条理清晰且准确的物理语言向他人表述自己的实验过程和结果。这一过程中，学生不仅需要展示他们通过实验获得的数据，还需要解释数据所反映的物理现象和背后所蕴含的原理。此类交流，能够培养学生批判性思维，增强其科学表达的能力。教师的任务是帮助学生逐步提高能力，使其能够准确无误地陈述自己的实验设计、实施步骤以及得出的结论。

第二，教师应培养学生的倾听与反思能力。学生在讨论中不仅要表达自己的观点，还应认真听取他人的意见与实验结果。尊重同学的实验成果并允许不同意见的提出是促进科学探究精神的重要手段。通过倾听和反思，学生能够更深入地理解实验的各个环节，发现自己实验过程中的不足，并根据反馈进行自我修正。这种批判性思维与自我完善的能力，有助于学生不断提升科学探究能力。

第三，教师应合理安排课堂时间，确保学生有充分的时间进行讨论与交流。实验后的反思与交流环节是提高学生科学素养的关键。通过集体讨论，学生不仅能够巩固已学的知识，还能够通过与他人的互动拓宽视野，激发他们的创新思维。因此，教师应在实验完成后留出充足的时间供学生交流、讨论和质疑，从而提高学生解决问题的能力，培养其主动思考和创新精神。

第四，教师应注重对实验探究过程的评价。评价不仅是判断学生是否达成教学目标的重要手段，还能帮助教师发现教学中的问题和不足，从而及时调整教学策略。通过评价，学生可以得到反馈，了解自己的学习进度和知识掌握情况。这种反馈机制能促进学生的自我反思与学习调整，并激发其学习主动性。学生科学探究素养的提升，正是在互动与反馈的过程中逐步实现的。

第三节　高中物理科学态度与责任的培育

一、物理学科中科学态度与责任的特点

科学态度与责任的内涵可从两个维度进行分析：一方面，学生应具备明确的科学态度，能够理解科学、技术、社会与环境之间的相互关系，并激发内在的自然探索动机，在科学探究过程中秉持实事求是的态度，勇于追求真理、不盲从权威；另一方面，学生还需通过物理学习，逐步形成科学的世界

观与价值观，并践行可持续发展的理念，从而树立节约资源和爱护环境的责任意识。

在物理教学中，科学态度与责任的培养不仅仅是一个知识传授的过程，还涉及学生情感与态度的塑造。为了有效促进学生科学态度与责任素养的发展，教师应结合新课标的要求，深入剖析科学态度与责任的内涵，并采取一系列有针对性的策略。这些策略包括但不限于落实课改理念并进行榜样示范、深化物理学史教育以理解科学本质、通过科学实践培养学生的科学态度、联系社会生活来提升学生的责任意识等。

（一）内隐性

科学态度与责任在课程标准中有明确的等级要求，但在教学实践中，它们更多表现为隐性内容。教师需要通过创设相关情境，在展示物理学的发展历程、科技进步及科学大师的探究过程等教学环节中，潜移默化地渗透。作为核心素养的一部分，科学态度与责任的培养是“立德树人”这一根本任务在物理学科中的具体体现，其不直接表现为显性知识的传授，而是通过教学过程中的细节展现，逐步培养学生的科学探究精神与社会责任感。

（二）体验性

科学态度与责任的培养具有显著的体验性特点。感知体验是学生获取知识和经验的重要途径，包含创设情境、感知现象、提出问题等环节。通过在课堂中创设相关情境，教师能够将教科书中的物理知识、学生的现有认知与科学态度及责任意识有机结合。学生在体验这些情境的过程中，能够感知物理学与实际生活、社会发展的紧密联系，从而更深刻地理解物理知识的实际应用与社会价值。这种体验式教学不仅使学生能够解决生活中的实际问题，还能在潜移默化中培养其对自然世界的尊重与对环境保护的责任感。

（三）发展性

科学态度与责任的教育具有明显的发展性特征，随着科学技术的不断进步，其内涵和表现形式也会发生相应的变化。因此，教师在教学过程中应关注学生认知的逐步发展和能力的全面提升。科学态度与责任的培养并不是一成不变的，而应当随时调整以适应新的科学发现和技术进步。教师应根据学生的成长需求，遵循认知规律，设计针对性强的教学活动，逐步培养学生的科学思维和社会责任感，从而促进学生德智体美劳全面发展。

二、高中物理科学态度与责任的培养策略

（一）落实课改理念，做好榜样示范

新课改明确提出，教师要选择适合促进学生终身发展所必备的基础知识作为教学的重要内容，尽力打造可以将物理知识与学生的实际生活、社会发展相联系的课堂情境，让学生觉得学习物理知识对自身或者国家的发展是有用的，以此增强学生的社会责任感。

渗透科学态度与责任教育时，教师榜样示范可以起到事半功倍的效果，具体来说，教师需要做到以下几个方面。

首先，教师应提升自身的核心素养。教师要深刻认识到，“科学态度与责任”教育在现代教育体系中的重要性。教师的素养不仅仅体现在对物理知识的掌握上，更体现在对科学态度和责任教育的深刻理解和实际应用中。教师在教学过程中要明确教育目标，结合学生的实际需求，采取有效的教学方法将科学态度与责任教育落实到课堂。在传授物理知识的同时，教师应注重挖掘和展示科学知识的应用价值，强调物理技术对社会和国家发展的重要性，以此激发学生的科学探究精神和社会责任感。

其次，教师应改变传统的教育观念。受传统教育体制和应试教育的影响，许多教师在教学中往往过于重视知识传授和学生考试成绩，却忽视了教育的整体目标。教育不仅仅是为了提高学生的学业成绩，更重要的是帮助学生形成全面发展的能力。因此，教师应当在教学中摒弃仅重视分数的狭隘观念，树立起全面培养学生素质的目标。教师应注重与学生之间的有效沟通，建立和谐的师生关系，通过选择贴近学生生活的教学案例和关注社会热点问题来激发学生的学习兴趣。此外，教师还应鼓励学生积极参与讨论和交流，提高学生将理论知识与实际问题相结合的能力。这种教学方式不仅能激发学生的探究兴趣，还能帮助学生认识到物理学在实际生活中的广泛应用和重要价值。

最后，教师应树立终身学习的理念。在现代教育背景下，教师的教学素养和教育理念需要不断更新和持续提升。物理教师可以通过持续学习和自我完善，提升个人的教育教学能力，从而为学生树立榜样；教师应积极参加学校组织的培训活动和教育相关会议，持续丰富自己的知识体系，增强自己的专业素养。此外，教师还应在教学实践中展现出终身学习的精神，通过不断积累和更新教学资源，提升课堂教学的质量。在实际教学中，教师要认真备课，深入挖掘和准备教学资源，确保教学内容的科学性和严谨性。在物理

实验教学中，教师应根据科学探究的步骤，带领学生循序渐进地进行实验，培养学生科学思维的同时，也帮助学生形成实事求是、敢于追求真理的科学态度。

（二）深化物理学史教育，了解科学本质

物理学史不仅记录了人类对物理现象、特性和规律的逐步认识，还体现了物理学思想的演进过程。通过物理学史的学习，学生能够理解物理知识的起源和科学探究的演变，培养对科学方法的认识，从而全面理解科学的本质。物理学史中每个科学理论和实验都是人类长期探索的结果，具有极其重要的教育价值。通过研究这些历史事件，学生不仅能够了解科学知识的起源，还能理解科学家们在不同社会背景下如何进行科学研究，进而体验科学思维的多样性和探索的艰难性。

物理学史教育的核心功能之一在于其能够帮助学生理解科学的本质。通过将科学研究置于社会历史的背景中，物理学史教育不仅展示了科学家们取得的成果，也呈现了他们所经历的失败和曲折的探索历程。对失败与成功的全面呈现可以帮助学生更直观地理解科学研究的真正面貌，激发其对物理学的兴趣与热情，同时培养其对科学本质的深刻认知。通过了解物理学概念和规律的产生、发展、确认及应用过程，学生能够更加清晰地看到科学与社会、技术之间的紧密联系，以及科学研究在推动社会进步中的关键作用。

科学史还通过展示科学家们不同的观点和争论过程，体现科学共同体在推动学科发展中的重要性。这种展示不仅是对某一现象的单纯解释，更是对多方观点碰撞和共同进步的总结。物理学史不仅涵盖了具体的科学发现，还揭示了社会、历史和文化对科学发展的深远影响。学生通过学习物理学史，不仅可以获得物理学知识，还能深入理解社会背景如何影响科学发展，进而推动技术进步，改善人类生活。

基于物理学史进行科学本质教育的实施，要求教师深入研究教学内容与教材，明确哪些具体的学科内容能够体现科学本质的教育。教师需要通过查阅和整理相关的物理学史资料，分析其中蕴含的科学方法、思想及其对社会的影响，深入挖掘并提炼出能够启发学生思考的教育素材。教师应结合新课程标准的要求，考虑学生的认知水平和发展特点，从而科学构建符合教育目标的教学内容。此外，物理学史的教育还应结合具体的教学策略来实施。因此，教师应根据不同的教学目标，设计合理的课程活动，确保学生在学习过

程中能够逐步理解科学的探索过程和科学本质的深刻含义。

（三）通过科学实践，树立科学态度

科学实践不仅仅是为了让学生掌握物理知识，更重要的是通过实际的科学探究，让学生学会用科学方法解释和理解客观世界。科学实践的实施能够提高学生的学习兴趣，激发其主动参与的热情，并且充分发挥学生在学习中的主体作用，使学生在探究过程中能够感受科学家的研究思路和实验过程，从而学习科学家的科学态度，并增强他们对知识的理解与应用。

在物理教学中，科学实践教学应以物理实验为载体，通过改进实验教学模式，完善实验教学策略，引导学生主动体验实验探究的过程。这不仅能激发学生的创新意识，还能促进学生科学素养的培养。然而，在当前的高中物理课堂中，许多探究活动仍然依赖教师的讲授，实验操作往往机械重复，导致学生的技能和知识并没有同步发展。这种固定模式的探究活动导致学生对科学探究的误解，认为科学探究只有单一的方式，缺乏自主探究的实践，进而失去因探究活动所应获得的成就感，最终使学生对探究活动产生抵触情绪。因此，改进物理实验的教学模式，提高学生的科学素养显得尤为重要。

科学实践的教学可以通过以下五个步骤来设计和实施。

第一步，激发学习热情，提高参与动力。科学实践教学要求学生主动参与，因此激发学生的学习兴趣和探究热情至关重要。教师可以通过生动的生活实例或实验演示来引导学生思考，提高他们参与实践活动的动力。教学中应尽量选择与学生日常生活和社会发展密切相关的案例，以此激发学生的兴趣，使其更加愿意参与到科学实践活动中，从而提高学生的主动学习积极性。

第二步，学习核心知识，获得实践能力。科学实践应以物理知识为前提，只有在扎实的知识储备基础上，学生才能在实践中有效地解决问题并培养实践能力。因此，在进行科学实践时，必须确保学生有充分的知识准备。科学实践并非无准备、无方向的活动，它需要在理论与实践相结合的基础上进行，这样才能有效培养学生将所学知识转化为实践能力。

第三步，界定探究问题，设计实践方案。在进行科学实践之前，学生首先需要明确自己要解决的问题，并为此设计合理的实践方案。在这一阶段，学生需要明确探究的目标和方向，并合理安排实验的步骤和顺序。教师可以在此过程中为学生提供适当的指导，帮助他们构建有针对性的实践方案，并确保实践过程的可行性和有效性。

第四步，进行实验探究，分析实践结果。实验探究是科学实践的核心环节。学生应当通过小组合作，积极参与实验的各个环节，并对实验现象和数据的变化进行实时观察和记录。在实验中遇到问题时，学生应主动进行讨论和调整，确保实验过程的顺利进行。教师应当在一旁观察并给予指导，而不是替代学生进行实验。通过对实验数据和现象的分析，学生能够更深入地理解物理概念，增强其解决实际问题的能力。

第五步，合作交流评价，总结实践结果。实验完成后，学生应通过合作与交流进行总结，分析实验结果，并进行集体讨论。教师和同学们可以从不同角度对实验结果进行评价和反馈，进而帮助学生更好地理解实验现象和数据。通过小组讨论，学生能够提高表达能力，培养批判性思维，并学会在交流中进行科学推理。

第八章　物理教学中学生科学素养培育的具体实践

随着科学技术的迅猛发展，社会对高科学素养人才的需求日益增加。物理学作为基础学科之一，其教学实践为培养学生解决问题的能力及科学判断力提供了坚实的基础。基于此，本章将探讨科普知识融入高中物理教学的实践，以及科幻电影资源在高中物理教学中的实践应用。

第一节　科普知识融入高中物理教学的实践

一、科普知识融入高中物理教学的意义

（一）有助于激发学生的学习兴趣

物理学作为一门包含众多抽象概念的学科，往往令学生在学习过程中感到困惑，甚至产生疏远感。许多物理概念与学生日常生活经验的直接联系较少，这也导致学生难以在短时间内形成对这些抽象概念的感知与理解。将科普知识融入高中物理教学，为学生提供了将复杂、深奥的物理知识与身边的自然现象相连接的桥梁。科普知识通过向学生展示物理学的发展历程、科学发现的背景以及物理与社会热点的关联，能够增强学生对物理学的兴趣。通过这些生动且具有时效性的内容，学生能够更好地理解物理学与日常生活和社会实际之间的密切关系，从而激发他们对未知世界的好奇心。在这种教学方式的引导下，学生不仅能更轻松地理解抽象的物理概念，还能培养他们解决实际问题的能力。

（二）有利于培养学生理论联系实际的能力

物理学的核心在于将自然界的现象通过抽象的理论加以概括和总结，这

是从具体的事物到抽象化的推理与思维的过程。对于学生而言，最初接触物理概念时往往会感到生疏且难以理解。此时，若能将这些抽象的物理理论与日常生活中的具体例子相结合，通过生动形象的科普知识使其更易于理解，学生便能够更清楚地看到物理知识与现实生活之间的紧密联系。通过这种方式，学生不仅能认识到物理学概念背后的实际应用，还能深刻理解物理理论在生活中的重要性和实践价值。这种将抽象理论与实际生活相结合的教学方法有助于提升学生的实际应用能力，并激励他们将所学的物理知识应用于日常生活问题的解决中，从而更好地培养学生理论与实践相结合的能力。

（三）助力提升学生的科学素养水平

科学素养是指个体认知、理解和应用科学知识及其思维方法的能力。这一能力包括对科学基本概念、科学思维方式、科学方法以及科学应用的掌握。在物理教学中，科普知识的融入为学生提供了深入了解物理学及其应用的机会。科普知识通过向学生展示物理学在实际生活中的广泛应用，能够深化学生对物理学基本概念和原理的理解，帮助他们在理论学习的基础上，看到物理学如何影响社会与日常生活。科普内容的引入，尤其是科技前沿知识和物理学的实时热点，能够使学生在课堂上接触到最前沿的科学发展动态，从而扩展他们的知识面，激发他们对科学研究的兴趣和热情。此外，科普活动也为学生提供了参与科学探究的机会，培养了学生的好奇心和探索精神。这不仅可以提升学生的科学知识储备，还可以帮助他们建立科学的思维方式，进而增强了他们的问题解决能力。

二、科普知识融入高中物理教学的原则

（一）相关性原则

相关性原则要求教师在选择科普知识时，必须充分考虑其与物理学教学内容的密切关系。科普知识不应脱离课堂的基本物理内容，而应紧密结合物理学的核心概念、规律和实际应用。教师需根据教学目标有针对性地引入科普知识，确保其与课程的主题和内容息息相关。若科普知识与物理内容之间没有有效的联系，就无法达到预期的教学效果。相关性原则的核心在于通过精心设计的科普活动，激发学生的学习兴趣，提升他们的科学素养。因此，教师要在物理教学过程中重点关注科普内容的关联性，选择那些能够有效支

持物理概念理解的科普内容，以帮助学生更好地理解和掌握学科知识。

（二）趣味性原则

趣味性原则在物理教学中占据重要地位，因为物理学本身被认为是较为抽象且难以理解的学科。高中学生对自然现象和科学原理具有天然的好奇心和求知欲，而科普内容的引入则能通过生动有趣的方式激发他们对物理的兴趣。合适的科普活动可以通过通俗易懂的语言和贴近学生生活的示例，帮助学生理解复杂的物理现象，使学习过程变得更加轻松有趣。教师在课堂上设计趣味性十足的科普活动，能够在活跃课堂氛围的同时，增强学生的学习动力。通过引入学生感兴趣的科普话题，能够激发他们的好奇心和探究欲，进而提高他们对物理学的关注和学习积极性。

（三）生活性原则

生活性原则强调物理学的知识应与现实生活紧密结合，从而体现物理学在日常生活中的实际应用。随着科技的快速发展，科学技术已经深刻融入社会的各个层面，学生的物理学习应当紧跟时代发展，了解科学技术与社会生活的紧密联系。通过将科普知识与现实生活结合，学生能够感受到物理学知识的实际价值和社会意义。这种结合不仅可以帮助学生更好地理解物理知识，也能够激发他们将物理学原理应用于生活的兴趣。教师在课堂中引入与社会实际密切相关的科普内容，能够帮助学生意识到物理学不仅仅存在于书本中，而是渗透在他们的日常生活和未来的职业生涯中。

三、科普知识融入高中物理教学的路径

（一）课堂教学中融入科普知识

课堂教学是学生获取物理科学知识的主要途径。在物理学科的教学中，科普知识的融入不仅有助于深化学生对知识的理解，还能有效激发学生的学习兴趣，促进其综合素养的提升。因此，在教学过程中，教师应根据教学内容和学生的认知特点，将科普知识与学科知识有机结合，并通过不同的教学环节进行有效渗透，从而实现学生科学素养的培养。以下是课堂教学中融入科普知识的三项具体措施。

1. 科普知识融入课堂导入环节

生动且富有吸引力的导入不仅能够激发学生的兴趣，还能够使新旧知识之间产生有效的联系，为后续的学习奠定基础。在物理教学中，教师可以利用科普知识创设相关问题情境，并结合学生日常生活中的常见现象，引发学生的思考和探究。例如，教师可以通过提出与学生生活紧密相关的问题，如"火车转弯时为什么容易脱轨？"或"加油站为什么不能打电话？"等，引导学生通过物理学的原理进行分析，进而激发他们对物理现象的兴趣和探索欲望。

2. 科普知识融入课堂讲授环节

课堂讲授环节是物理教学的核心部分，也是学生理解和掌握新知识的关键时刻。在这一环节中，科普知识的融入能够帮助学生将抽象的物理概念与具体的生活现象相结合，从而促进其知识的内化。教师可以通过生动形象的图片、视频或模拟实验等方式，使抽象的物理理论变得更加具体和可感知。例如，在讲解某些复杂的物理过程时，教师可以通过科普知识和实例说明，让学生对理论内容有更加直观的理解。此类讲授方式能够帮助学生建立物理概念与实际现象之间的联系，进一步加深他们对知识的理解，并增强其对物理学的兴趣和学习动力。通过科普知识的讲授，学生不仅能够掌握物理学的基本概念，还能够在具体情境中发现科学规律，提升他们的观察力和分析问题的能力。

3. 科普知识融入习题课教学

习题课是帮助学生巩固和应用所学知识的重要环节，也是考查学生对物理知识掌握程度的有效途径。根据新课程标准，学业水平考试要求试题素材采用真实问题情境，以此考查学生运用知识解决实际问题的能力。因此，将科普知识融入习题课教学，不仅能促进学生对基础知识的掌握，还能培养其运用物理知识分析和解决实际问题的能力。教师可以结合相关的科普背景出题，让学生在解决实际问题的过程中，理解物理知识的应用价值，并提高他们的分析、推理和解决问题的能力。例如，教师可以设计与现代科技、社会热点或生活常识相关的问题情境，并鼓励学生在分析问题时，将所学的物理知识与实际情况相结合。

（二）课后活动中融入科普知识

课外活动作为课堂教学的有力补充，具有高度的灵活性和选择性，能为

学生提供更加多元化的科普教育途径。与课堂教学相比，物理课外活动更注重学生的自主性和实践性，同时也能够有效激发学生的学习兴趣，促进其科学素养的发展。通过课外活动的开展，物理科普知识得以更广泛地渗透进学生的日常学习生活，丰富其科学知识体系。因此，课外活动为科普知识的融入提供了重要的契机，能够在实际操作中深化学生对物理学科的理解和认知。以下是几种可行的课外科普活动形式。

1. 开展物理科普专题课

专题课的设计应围绕某一科学问题或技术应用展开，通过整合学科前沿知识和最新的科技成果，并结合学生的认知水平，将抽象的物理概念与现实世界中的应用联系起来。专题课不仅能够让学生接触到更多、更新的科普知识，还能帮助学生理解物理学与科技发展的紧密关系。通过这种形式，学生能够获得新的学习体验，并在实际探讨中深化对物理学科的兴趣。专题课的开展不应仅局限于理论教学，而应注重跨学科的综合性探讨，从而提高学生的综合科学素养。

2. 开展物理科普读物阅读活动

物理科普读物作为课外学习的重要资源，能够有效拓展学生的知识面，培养其独立思考和科学探究的能力。尽管课堂教学为学生提供了基础的物理知识，但学生在课外通过阅读科普书籍，能够接触到更多的物理现象和科学原理，这对提高他们的科学素养具有积极作用。物理科普读物通常通俗易懂，能够激发学生对科学的好奇心，帮助他们理解复杂的物理概念，并将其与日常生活中的实际应用相结合。

教师在开展科普读物阅读活动时，应根据学生的兴趣和教学内容，筛选出适合的书籍，制定阅读清单，并在课外时间引导学生进行自主阅读。教师还可以组织集体讨论，帮助学生深入理解书中的内容，并结合实际案例，激发学生对物理学的思考和探索。

第二节 科幻电影资源在高中物理教学中的实践应用

一、科幻电影资源在高中物理教学中的运用原则

（一）直观性原则

随着现代化教学设备和资源的不断普及，学生的学习材料不再局限于传统的教科书，科幻电影作为一种新型的教学资源，为学生提供了多维的学习体验。科幻电影通过生动的影像将抽象的物理概念具象化，使其具备感性可视化的特征，为学生提供了更直观的学习情境。这种资源的应用能够帮助学生突破物理概念的理解难点，通过形象化的情节和场景来加深对物理原理的认知；尤其是对于复杂的抽象理论和现象，电影能够有效地将其呈现为生动的视觉体验。通过这一方式，学生能够在更直观的情境中理解物理规律，并在此过程中激发他们的学习兴趣，从而促进学生形象思维与观察能力的发展，为其全面理解物理学提供新的视角。

（二）实用性原则

新课程改革提出从“生活走向物理，从物理走向社会”的教学理念，强调将物理学知识与学生的日常生活和社会发展紧密联系。在这一背景下，科幻电影中的实际应用场景为物理教学提供了有益的素材。通过分析科幻电影中与社会生产、科技进步及生活实践相关的物理实例，教师可以帮助学生拓宽科学视野，增强他们对物理学在实际社会中作用的认知。例如，电影中展示的高科技设备和未来技术，可以激发学生对物理学如何推动社会进步的兴趣，进而促使他们将所学知识与生活中的具体问题相结合，以提升他们对知识的实际应用能力。

二、科幻电影资源在高中物理教学中的运用策略

（一）利用科幻声画，激发学习兴趣

在现代教育中，学生对教学资源的呈现方式有着较高的期待，尤其是视

听结合的教学方式。科幻电影以其独特的声画效果，通过生动的视觉和听觉刺激，吸引学生的注意力，增强其学习的主动性与参与感。科幻电影中往往呈现出超凡的场景与极具震撼力的特效，这些视觉与听觉的效果可以有效地帮助教师将抽象的物理知识转化为生动且易于理解的形式，使学生更容易感知和接受。

在物理教学中，教师可以利用科幻电影中的特效来展示物理现象或原理，并选择与教学内容相关的片段，激发学生对物理知识的兴趣。例如，通过电影中的电磁炮场景，教师能够将电磁感应这一原理通过震撼的画面和音效呈现出来，从而增强学生的学习兴趣，激发他们主动探索原理背后的科学逻辑。科幻电影所提供的生动视听资源，有助于突破物理学科较为抽象的特点，通过形象的表达，使学生在感官的刺激下产生对学习的兴趣，进而促进其对科学知识的深入理解。

（二）设立问题情境，引导科学探究

科幻电影中的情境设计通常富有创意，能够有效地引导学生进行思考和探究。通过构建与物理学科相关的情境，教师可以使抽象的物理概念具体化，从而提升学生的认知能力。在新课程理念的指导下，问题导向的学习方式越来越受到重视，而科幻电影为这种教学方式提供了丰富的资源。通过影片中的问题情境，教师可以巧妙地设计引导性问题，鼓励学生主动进行科学探究，并在此过程中加深对物理原理的理解。

科幻电影中，主角往往会面临许多物理学上的挑战，诸如复杂的机械原理、力学问题或能源转换等。借此情节，教师可以设置情境，提出问题，促使学生围绕相关的物理现象进行探索。影片中的情境不仅能够生动地呈现物理问题，还能通过趣味性的情节设计，使学生更容易进入角色，同时感受问题的挑战性和解决过程的乐趣。这种形式不仅有助于学生对物理原理的掌握，还能培养其科学思维、问题解决能力以及合作探究的精神。

例如，在电影《地心历险记》中，主角团在地下深处遭遇困难，面临着如何克服阻碍的挑战。学生可以通过影片中的情境，体验如何运用自由落体运动的规律来解决问题。教师通过引导学生思考主角如何使用科学原理来衡量悬崖的高度，并推算出自由落体的相关数据，以此来激发学生对于物理现象的兴趣与探讨。

（三）辨析真伪科学，培养批判思维

科幻电影通常建立在科学原理的基础上，但由于其虚构性和夸张的叙事手法，许多情节可能偏离或扭曲了实际的科学规律。这种夸大甚至违背科学事实的表现，可能会对观众产生误导，使其形成不正确的科学认知。在物理教学中应用科幻电影时，教师需要特别关注引导学生对电影情节进行正确解读，避免学生将电影中的虚构情节当作科学事实。因此，教师在引导学生观看科幻电影时，还必须培养学生保持批判性思维的能力，让他们客观审视影片中的内容，避免盲目接受虚构的科学现象。

通过带领学生分析电影情节的可行性与科学性，教师可以促使学生辨析科学理论与伪科学观点的差异。这一过程不仅能够帮助学生澄清对物理概念的误解，还能够促进学生形成严谨的科学态度和正确的科学观念。通过深入分析科幻电影中的不符合物理规律的情节，学生能够锻炼自己的思辨能力，以此逐步建立起科学的批判性思维。例如，在分析一些太空战争的情节时，教师可以引导学生思考在真空中是否可以听到声音，这种思考过程可以帮助学生更好地理解声音传播的物理机制，并从中辨识电影中的科学错误，从而增强他们对科学概念的理解和批判性思维能力。

参 考 文 献

[1] 王利军 . 论马克思实践思维方式的哲学变革 [J]. 大庆社会科学，2022（1）：48-53.

[2] 卢永宏 . 用思维丈量课堂——基于脑科学的思维课堂实践 [J]. 教育家，2021（43）：65-66.

[3] 蔡文婧 . 皮亚杰认知发展理论对物理教学的启示 [J]. 成才，2021（21）：42-43.

[4] 黄辉 . 思维信息论 [J]. 理论与改革，2001（2）：21-24.

[5] 续佩君，卢慕稚，任炜东 . 感受科学所在，提升科学思维——兼论理科的课程定位与人类的悟性学习 [J]. 课程•教材•教法，2022，42（2）：117-124.

[6] 潘岳松 . 高中物理教学融合化学知识的策略探析 [J]. 物理教师，2024，45（5）：19-21，26.

[7] 华吉俊 . 科学哲学融入高中物理教学的路径与价值 [J]. 物理教师，2025，46（1）：9-14.

[8] 王怡秋 . 基于科学思维培养的高中物理概念教学——以“光的折射”为例 [J]. 物理教师，2024，45（11）：13-15，20.

[9] 陆光华 . 基于差异化教学理论的高中物理教学策略与实践——以高三物理“共点力的平衡”教学为例 [J]. 物理教师，2024，45（10）：87-90.

[10] 彭利民 . 认知冲突策略在高中物理习题教学中的应用 [J]. 中学物理教学参考，2023，52（12）：22-25.

[11] 鲁世明 . 高中物理教学中理想化方法的培养策略 [J]. 物理教师，2023，44（12）：36-39.

[12] 卢鹏 . 高中物理教学中的疑难问题研究——以电磁学为例 [J]. 中学物理教学参考，2022，51（12）：34-36.

[13] 李泽军 . 基于创新理念的高中物理教学提升策略 [J]. 甘肃教育研究，2024（20）：142-144.

[14] 高晓燕 . 高中物理可视化教学模式构建——以“动量守恒定律”教学为例 [J]. 华夏教师，2024（35）：69-71.

[15] 曹红梅 . 基于“学科实践”的高中物理教学案例分析——以人教版“向心力”教学为例 [J]. 物理教师，2023，44（10）：21-25.

[16] 王亚新 . 高中物理教学中渗透课题研究的实践与思考 [D]. 石家庄：河北师范大学，2006.

[17] 张佳宁，段旭朝，李怡然，等 . 浅谈高中物理课题研究改革及实施策略 [J]. 科学咨询（教育科研），2021（24）：142-144.

[18] 秦敏慧 . 基于 PBL 的混合式教学模式在高中物理教学中的应用 [D]. 南昌：江西师范大学，2024.

[19] 李书娟 . 基于 BOPPPS 教学模式的高中物理单元教学设计与实践研究 [D]. 南昌：江西师范大学，2024.

[20] 高旭 . 主题式教学模式在高中物理教学中的应用研究 [D]. 岳阳：湖南理工学院，2023.

[21] 高广凡 . 高中物理课题研究教学的项目式对分课堂探索 [D]. 牡丹江：牡丹江师范学院，2023.

[22] 杨昌彪 . 高中物理教学设计 [M]. 成都：西南交通大学出版社，2021.

[23] 孙志鹏 . 高中物理实验中的误差分析与数据处理能力培养 [J]. 数理天地（高中版），2025（4）：146-148.

[24] 宋宗斌 . 高中物理实验教学策略与有效性研究 [J]. 数理化解题研究，2024（33）：71-73.

[25] 林丰 . 知识可视化在高中物理教学中的应用研究——以 Excel 作为知识可视化工具为例 [J]. 中学物理，2022，40（19）：62-65.

[26] 詹军 . 高中物理实验教学中 Tracker 的应用——以“物体的平抛运动实验”教学为例 [J]. 中小学电教，2024（3）：91-93.

[27] 黄全安，郭洋 .TPACK 视角下高中物理教学的路径优化——以“自由落体运动”教学为例 [J]. 物理教学，2024，46（2）：16-20.

[28] 许炳超 .Phyphox 软件在高中物理实验教学的实践研究 [D]. 重庆：重庆三峡学院，2024.

[29] 胡思凡 . 思政元素融入中学物理教学的策略研究 [D]. 延安：延安大学，2021.

[30] 王蔚 . 利用几何画板辅助高中物理实验教学的实践研究 [D]. 宁波：

宁波大学，2015.

[31] 王嘉路 . 高中物理教学过程融合物理文化的必要性研究 [D]. 大连：辽宁师范大学，2021.

[32] 张志英 . 物理教学特点及对策 [J]. 才智，2012（6）：129.

[33] 杨成 . 高中物理教学实践 [M]. 沈阳：东北大学出版社，2015.

[34] 朱虹锦 .GeoGebra 软件在高中物理运动类习题教学中的应用与研究 [D]. 成都：四川师范大学，2024.

[35] 明翔宇，陈俊 . 在“双新”背景下，例谈 Geogebra 软件在高中物理教学中的应用 [J]. 物理教学，2022，44（4）：22-26.

[36] 朱朋飞 .DIS 数字化实验在高中物理教学中的应用 [D]. 重庆：西南大学，2021.

[37] 方丽 . 数字化探究实验室在高中物理学科实验教学中的应用研究 [J]. 当代教育实践与教学研究，2019（8）：18-19.

[38] 许敬川，贾华，解远领 . 例谈巧用计算机软件辅助新时代中学物理教学 [J]. 物理教学，2019，41（3）：9-13.

[39] 张飞翔 . 数字化实验与高中物理教学有效整合的思考 [J]. 物理教师，2011，32（10）：55-56.

